AF302023

L'analyse technique en 50 cas pratiques

S'entraîner avec les figures chartistes et les chandeliers japonais

Nicolas Gallant

L'ANALYSE TECHNIQUE EN 50 CAS PRATIQUES

*S'entraîner avec les figures chartistes
et les chandeliers japonais*

JDH Éditions

Les Essentiels de l'AFATE

PRÉFACE

Il y a cette phrase magistrale de Pierre Teilhard de Chardin dans *Le Phénomène humain* (1955) : « *L'Analyse est ce merveilleux instrument de recherche scientifique, auquel nous devons tous nos progrès, mais qui, de synthèse en synthèse dénouées, laisse échapper l'une après l'autre toutes les âmes, et finit par nous laisser en présence d'une pile de rouages démontés et de particules évanescentes.* »

L'Analyse, pour être durablement utile et utilisée, doit encore être en permanence réordonnée, structurée, relevée à sa juste valeur. À cet égard, l'Association Française des Analystes Techniques (AFATE) n'a pas seulement une mission de recherche, de synthèse et de diffusion de l'Analyse Technique. L'AFATE doit, plus que jamais à l'ère de l'extériorité de l'information et de la connaissance, donner quelque sorte d'esprit à l'ensemble.

L'idée de cette collection n'est donc pas fondamentalement d'établir des « synthèses en synthèses dénouées », c'est essentiellement de réordonner « *une pile de rouages démontés et de particules évanescentes* ». Et par là, assurer la viabilité et la transmission véritable de la rigueur et des connaissances connexes nécessaires à l'Analyse Technique. Généraliser ici pour mieux détailler ailleurs.

Dans cette collection, Nicolas Gallant mérite tout particulièrement sa place. Il intervient ici pour nous partager sa compétence et son expérience remarquable sur les figures chartistes et les chandeliers japonais. Mon expérience et ma connaissance sur le sujet sont loin d'égaler la sienne, mais évoquer les figures chartistes requiert un rappel sur le fondement de l'étude chartiste. Les figures chartistes ne sont pas des « émanations » ou des coïncidences hasardeuses, mais plutôt essentiellement l'expression visuelle des statistiques et des cycles du marché.

Beaucoup de personnes opposent l'Analyse Technique à l'analyse statistique ou aléatoire. Dans ces couloirs clos de la pensée, la plupart échouent à comprendre que l'aléatoire, la statistique, et les cycles du marché, et par là la géométrie du marché, sont les divers angles d'un même ensemble : le mouvement du marché au-delà des causes et des effets qui le traversent. En ce sens, la géométrie du marché est un champ prodigieux d'expression de ce qui est contenu dans les statistiques et la phycologie du marché.

Les figures chartistes ont été largement étudiées dans de nombreux ouvrages que nous recommandons. De fait, il existe un nombre important de figures chartistes, de règles de tracé et d'exceptions. Ainsi, la difficulté des figures chartistes réside essentiellement dans l'arbitrage entre la rigueur du tracé, l'application des règles et la pertinence globale de la figure. Nicolas Gallant nous offre dans cet ouvrage toute la connaissance et la maîtrise de cet art, dont seules des années d'expérience peuvent en venir à bout. Aux figures chartistes s'ajoutent les chandeliers japonais. Comme venus d'un autre âge et d'une autre civilisation, ils sont pourtant devenus une convention universelle dans la finance contemporaine. Mais qui en connaît véritablement les rouages et les combinaisons avec les figures chartistes ? Après le livre de Daniel Cohen de Lara dans cette collection sur les chandeliers japonais et le précédent ouvrage de Nicolas Gallant sur les figures chartistes, l'auteur nous expose la formidable combinaison des chandeliers et des figures chartistes.

Ce livre s'adresse ainsi au lecteur soucieux de découvrir et d'explorer l'utilité des figures chartistes combinées aux chandeliers japonais, autant qu'à l'expert soucieux de découvrir une certaine sensibilité de l'approche chartiste et des chandeliers. Une admirable introduction à ce qui devrait être lu de tous. Une reconnaissance particulière au travail de Nicolas Gallant, ainsi qu'à tous les ouvriers de l'Analyse Technique. Un travail pour et par l'Analyse Technique…

Thomas Andrieu

REMERCIEMENTS

Je remercie Denis Desclos, président de l'Association Française des Analystes Techniques (l'AFATE, l'association française de référence pour la promotion de l'analyse technique, membre du réseau International Federation of Technical Analysts, l'IFTA) et directeur de programme en finance de marché à ESLSCA Business School Paris, enseignant en finance de marché et en gestion financière à l'École de Management de Normandie, enseignant en gestion financière à l'IAE Caen et associé-gérant chez Véra (formations Bourse, trading et marchés financiers), ainsi que Daniel Cohen de Lara, membre de l'AFATE et associé chez Next Momentum, pour leur travail de coordination dans l'élaboration de la collection Les Essentiels de l'AFATE, dont le présent tome fait partie.

Merci aussi à Thomas Andrieu, écrivain, rédacteur et chroniqueur, ainsi qu'à Jean-David Haddad, économiste (professeur agrégé d'économie et de sciences sociales), éditeur (fondateur de JDH Éditions), auteur et conférencier, pour avoir eu l'idée de la collection.

Merci à mes proches, notamment à Caroline et à Eric et Axel, ainsi qu'à PrismaMedia (groupe Vivendi), éditeur de *Capital* – le magazine où j'écris – pour leurs encouragements à l'élaboration de ce livre.

Je remercie par ailleurs Investing pour m'avoir autorisé à illustrer cet ouvrage grâce à ses outils graphiques.

À PROPOS DE L'AUTEUR

Nicolas Gallant est diplômé d'une grande école de gestion (EM Lyon – École de Management de Lyon), avec une spécialisation en finance de marché et en corporate finance. Il est aussi titulaire du CFTe (Certified Financial Technician), diplôme d'analyse technique dispensé par l'International Federation of Technical Analysts, une fédération de plus de 20 associations locales au niveau mondial, dont l'Association Française des Analystes Techniques.

L'auteur a été analyste-rédacteur dans plusieurs lettres d'investissement du magazine économique français *Capital*. Et il écrit régulièrement, en tant que journaliste pour *Capital*, des articles sur l'économie, la finance, les sociétés cotées en Bourse, ainsi que sur les marchés d'actions, d'obligations, de devises, de métaux précieux et de matières premières. Il a lancé Momentum (https://www.momentum.capital.fr/), une lettre d'investissement quotidienne de *Capital* basée sur l'analyse technique et l'analyse financière et économique, qui diffuse des scénarios (haussiers ou baissiers) sur le CAC 40 et les actions de nombreuses sociétés cotées en Bourse. Outre ses activités professionnelles, l'auteur promeut aussi l'analyse technique en tant que membre de l'Association Française des Analystes Techniques.

Nicolas Gallant a une expérience de plus de 25 ans des marchés financiers, à titre personnel puis professionnel. À ses débuts, à la fin des années 1990 (quand le CAC 40, le Nasdaq et d'autres indices actions étaient en pleine bulle spéculative, portés notamment par l'enthousiasme démesuré pour les valeurs technologiques et Internet), l'auteur a découvert l'apport considérable de l'analyse technique – complément indispensable de (ou alternative à) l'analyse financière – pour gérer au mieux ses actions. D'autant qu'à l'époque, les cours de Bourse étaient alors déconnectés des fondamentaux.

L'ANALYSE TECHNIQUE EN 50 CAS PRATIQUES

ANALYSE TECHNIQUE
ET CONFIGURATIONS CHARTISTES

L'analyse technique (analyse graphique) est l'étude de l'évolution du cours d'un actif financier, afin d'élaborer le scénario le plus probable pour la trajectoire des prix. Elle se fonde sur l'idée que les cours, intégrant toutes les informations disponibles, évoluent selon des tendances (haussière, baissière ou « à plat ») et que les mouvements de prix sont amenés à se répéter, la psychologie de l'investisseur restant la même quelle que soit l'époque.

Les configurations chartistes (ou « figures chartistes », « figures de prix », « configurations techniques », ou encore *patterns*, en anglais) comptent parmi les outils phares de l'analyse technique. Configurations de retournement (*reversal patterns*) telles que le « double creux », la « tête et épaules » ou encore « l'étoile du soir », configurations d'essoufflement (« biseau », etc.) ou configurations de continuation (*continuation patterns*) d'une tendance (comme le « drapeau », le « triangle », la structure en « trois méthodes ascendantes », etc.), les figures chartistes occidentales ou les configurations de « chandeliers japonais » (une méthode de représentation des cours et un système d'investissement d'origine nippone que nous allons expliciter) émaillent l'évolution des cours.

Ces « configurations techniques » permettent d'élaborer des scénarios sur la trajectoire future des cours avec (statistiquement) de bonnes chances de succès. Les figures chartistes se basent sur les notions de « support » (soutien, en cas de baisse des cours) et de « résistance » (obstacle à la hausse), qui peuvent prendre de multiples formes (creux et pics observés sur l'évolution des cours, lignes de tendance, moyennes mobiles, bandes de Bollinger, éléments du système d'investissement Ichimoku, etc.). Un support est un niveau où les acheteurs ont réussi à l'emporter face aux vendeurs, où les cours se sont retournés à la hausse. Une résistance est un niveau où les vendeurs ont fait battre en retraite les acheteurs et fait repartir les cours à la baisse.

Quand un support est enfoncé, il se transforme en résistance. Et vice-versa : quand une résistance est franchie, elle se transforme en support. C'est ce qu'on appelle le « principe de polarité ». Dans l'exemple ci-après, la résistance horizontale de 7,20 euros observée sur l'action NRJ Group, qui correspond aux pics majeurs des 9 novembre et 11 décembre 2023, a été franchie. Elle a par la suite fait office de support, l'action ayant rebondi avec précision sur ce niveau mi-janvier 2024.

LES CHANDELIERS JAPONAIS

Les « chandeliers japonais » (*candlesticks*) sont une méthode de représentation de l'évolution des cours plus populaire que celle dite « en ligne » (méthode basique consistant à relier les cours de clôture successifs). Ils recensent le point haut, le point bas, le cours d'ouverture et celui de clôture d'une période donnée (jour, semaine, mois, année, heure, etc.).

Le « chandelier japonais » tire son nom de son pays d'origine (le Japon) et de sa forme de chandelle (bougie). Le point haut de la « mèche » (ou « ombre ») supérieure est le sommet de la période considérée, tandis que le point bas de la « mèche » inférieure est le creux de la période. L'intervalle compris entre le cours d'ouverture et celui de clôture est appelé « corps vrai » ou « corps réel ». Ces « corps vrais » sont de couleur verte (ou blanche) quand le cours de clôture est supérieur au cours d'ouverture (chandelier « positif ») et de couleur rouge (ou noire) quand le cours de clôture est inférieur au cours d'ouverture. Il arrive souvent qu'un ou plusieurs chandeliers japonais forment des configurations de retournement (« marteau », « pendu », « couverture en nuage noir », etc.) ou de continuation (« trois méthodes ascendantes », « trois méthodes descendantes », etc.).

Munehisa Homma est l'homme à l'origine de la méthode des « configurations de chandeliers japonais ». Issu d'une riche famille de négociants et de propriétaires terriens, il est devenu un des hommes les plus riches du Japon au XVIIIe siècle, en amassant au cours de sa carrière l'équivalent de plusieurs milliards de dollars actuels. En notant chaque jour des données de base (ouverture, clôture, plus haut et plus bas) sur les cours du riz, il a remarqué la répétition de certaines figures de prix (de continuation ou de retournement, haussières ou baissières). Surnommé le « dieu des marchés », il aurait selon la légende enchaîné une fois 100 opérations gagnantes d'affilée. Célébrissime, il a aussi été consultant financier auprès du gouvernement japonais.

Sur le graphique en chandeliers japonais sur le CAC 40 ci-dessous, on observe plusieurs configurations de retournement ou de continuation. En particulier, en septembre, l'indice actions phare de la Bourse de Paris a dessiné à la fois une figure de retournement en « étoile filante » et un « bébé abandonné », que nous expliciterons plus loin. Et en janvier 2024, outre une configuration de retournement en île de renversement (*island reversal*), le CAC 40 a aussi dessiné une structure de retournement dite en « marteau ».

L'OBLIQUE (OU LIGNE DE TENDANCE)
ASCENDANTE OU DESCENDANTE

Le support ascendant (ou la résistance descendante) le (la) plus simple est la ligne de tendance (ou « oblique »). Quand au moins trois creux majeurs ascendants sont alignés, on peut tracer une ligne de tendance haussière les reliant. Inversement, quand au moins trois pics majeurs descendants sont alignés, on peut tracer une ligne de tendance baissière passant par ces points. Plus ces obliques sont touchées un grand nombre de fois, plus elles s'en trouvent renforcées. Et plus elles sont préservées longtemps, plus elles constituent un support ou une résistance d'importance. Tant qu'une ligne de tendance n'est pas franchie (de façon nette et en clôture de séance), un retour du cours vers elle peut *a priori* être mis à profit pour acheter (dans le cas d'une oblique haussière) ou vendre (dans le cas d'une oblique baissière). Enfin, il faut savoir qu'une fois franchie, une oblique inverse son rôle : une ligne de tendance baissière débordée se transforme en support descendant, tandis qu'une ligne de tendance haussière enfoncée devient une résistance ascendante.

Le cas de l'évolution de l'action L'Oréal en 2021 l'illustre bien. La ligne de tendance ascendante (oblique haussière) reliant les cinq creux majeurs inscrits de janvier à mi-septembre, finalement enfoncée le 16 septembre (un signal négatif accompagné d'un bond des volumes de transactions), joue son nouveau rôle de résistance haussière dès le lendemain. Le 17 septembre, en effet, la tentative de rebond de l'action cale à l'approche de l'oblique haussière et le cours repart rapidement à la baisse. À partir du 21 septembre, l'action tente une reprise. Elle échoue toutefois dès le 23 septembre sur la zone de résistance horizontale de 387,35-388,80 euros (un ex-support horizontal qui, une fois enfoncé, s'est transformé en obstacle à la hausse des cours), qui a tenu bon en clôture de séance. L'action repart alors nettement à la baisse et accélère sa chute après l'enfoncement du support horizontal de 370,80 euros (creux du 20 septembre).

L'Oreal SA, France, D, Paris ~ O 300.20 H 302.60 B 296.30 C 297.60
400.00
388.87
387.45
381.37
370.82
362.40
340.00
320.00
300.00
Investing.com
Volume (20) ~ 501.854K 356.179K
1.2M
800K
488,829K
445.798K
0
2021-01-27 Mars Avr Mai Juin Juill Août Sept Oct

LA MOYENNE MOBILE

Tout comme les lignes de tendance ascendantes ou descendantes, les moyennes mobiles (MM) sont d'importants supports haussiers ou résistances baissières et leur direction est aussi une indication de la tendance. Une moyenne mobile à x périodes (x jours, x semaines, x mois, etc.) est la trajectoire de la moyenne des cours de clôture des x dernières périodes. À chaque nouvelle période (à chaque nouvelle séance ou semaine, chaque nouveau mois, etc.), le cours de clôture de cette dernière est intégré au calcul, tandis que celui de la période initiale en est retranché.

La moyenne mobile est un outil de lissage de l'évolution des cours et de suivi de tendance. Une variante est la moyenne mobile exponentielle (MME), qui accorde un poids plus important aux clôtures les plus récentes. Les moyennes mobiles exponentielles à 13 périodes (13 jours, 13 semaines, 13 mois, etc.) ou à 34 ou 55 périodes figurent parmi les moyennes mobiles exponentielles les plus utilisées. Les moyennes mobiles les plus pertinentes sont toutefois celles sur lesquelles le cours rebondit le plus souvent. Les moyennes mobiles à 200, 150, 100, 65 (ou 66), 50, 40, 30, 20 (ou 23), 9, 7 et 5 périodes figurent parmi les plus fréquemment utilisées.
Quand une moyenne mobile à plus court terme passe au-dessus d'une moyenne mobile à plus long terme, un signal positif est envoyé. Quand la moyenne mobile à plus court terme enfonce la moyenne mobile à plus long terme, on a un signal négatif.

Dans l'exemple de l'évolution de l'action Airbus, la moyenne mobile exponentielle à 34 jours (la courbe inférieure) a bien joué son rôle de support dynamique en novembre 2023 puis en janvier 2024, mais a fini par être enfoncée (en clôture de séance) le 16 février. Un premier signal négatif. Et si la moyenne mobile exponentielle à 13 jours (la courbe supérieure) devait passer sous celle à 34 jours, un nouveau signal défavorable serait envoyé. Un enfoncement (en clôture de séance) du support horizontal de 143,98 euros (niveau du pic du 14 décembre) serait aussi négatif.

Airbus Group SE, France, D, Paris
O 145.88 H 145.72 B 144.74 C 145.86
EMA (34, close, 0)   146.5743
EMA (13, close, 0)   147.5722
155.00
152.50
150.00
147.57
146.57
145.86
144.03
142.50
140.00
137.15
136.72
136.37
132.50
130.00
127.50
125.00
122.50
121.22
120.26
Investing.com
Sept
2024

LA CROIX DORÉE (GOLDEN CROSS) ET LA CROIX MORTELLE (DEATH CROSS)

Quand le cours franchit une moyenne mobile, on obtient parfois un signal d'achat ou de vente pertinent. Il existe toutefois aussi des systèmes d'investissement basés sur le croisement de deux moyennes mobiles, l'une à long terme (comme une moyenne mobile à 200 périodes – assez souvent 200 jours) et une autre à plus court terme (comme une moyenne mobile à 50 périodes). Quand la moyenne mobile à plus court terme passe au-dessus de la moyenne mobile à plus long terme, un signal d'achat est envoyé. Le dépassement d'une moyenne mobile à 200 périodes par une moyenne mobile à 50 périodes, favorable, est appelé « croix dorée » (*golden cross*). Quand la moyenne mobile à plus court terme enfonce la moyenne mobile à plus long terme, on a un signal de vente. L'enfoncement d'une moyenne mobile à 200 périodes par une moyenne mobile à 50 périodes, négatif, est appelé croix de la mort (*death cross*).

Acheter quand la moyenne mobile à 50 jours dépasse celle à 200 jours puis revendre quand c'est le contraire est un système d'investissement assez simple, qui peut se révéler très rentable sur la durée, notamment pour certaines actions bien choisies. À cet égard, ce système fonctionne mieux pour certaines actions que pour d'autres, si bien qu'il est préférable de vérifier qu'il a historiquement donné de bons résultats en moyenne, pour une valeur considérée. En outre, mieux vaut ne passer à l'achat et à la vente que quand le franchissement d'une moyenne mobile par l'autre est net.

Le système a bien fonctionné pour une action comme Apple. Depuis le creux majeur de janvier 2009 (après la crise des subprimes), les signaux d'achat et de vente de cette méthode ont rapporté des gains de 346 % entre mai 2009 et décembre 2012, 62 % entre septembre 2013 et août 2015, 46 % entre septembre 2016 et décembre 2018, 187 % entre mai 2019 et juin 2022 et 8 % entre mars 2023 et mars 2024.

AAPL   Ouverture: 186.65   Haut: 186.82   Bas: 182.71   Clôture: 183.39
Volume (9) : 140387696.00 61714892.00 |
Simple Moving Average (clôture,50) : 172.39 |
Simple Moving Average (clôture,200) : 181.19 |
197.80
189.20
183.39
180.60
172.00
163.40
154.80
146.20
137.60
129.00
120.40
111.80
103.20
94.60
86.00
Investing.com
12/31 2020
09/09 2021
02/23 2022
08/09
01/24 2023
07/11
12/21

LES BANDES DE BOLLINGER

Les bandes de Bollinger (outil d'analyse inventé par John Bollinger), jauge populaire de la volatilité des cours, permettent de mettre en évidence des zones de surachat et de survente. La borne haute et la borne basse des bandes évoluent de part et d'autre d'une moyenne mobile (le plus souvent une moyenne mobile à 20 périodes – 20 jours, 20 semaines, 20 mois, etc.). Elles lui sont distantes de deux écarts-types (mesure de la dispersion des cours autour d'une moyenne). Quand les bandes de Bollinger ne sont pas trop resserrées (c'est-à-dire quand la volatilité n'est pas trop faible), on peut envisager d'acheter à l'approche de la borne inférieure (zone de survente et de support) et de vendre vers la borne supérieure (zone de surachat et de résistance). Et quand les bandes de Bollinger sont très resserrées, la volatilité est anormalement faible. Dans ce cas, on surveille un début d'écartement des bandes (un retour de la volatilité) : une clôture au-delà de la borne supérieure constitue alors un signal encourageant et, inversement, un enfoncement en clôture de la borne inférieure a une implication négative.

Dans l'exemple ci-après, l'action Exail Technologies est *a priori* à la croisée des chemins. En effet, après un important rally (entre le 11 et le 24 janvier 2024) ayant suscité un fort écartement des bandes de Bollinger, ces dernières se sont très nettement resserrées depuis. Il faut dès lors surveiller un nouvel écartement des bandes de Bollinger, qui pourrait bien marquer le début d'un mouvement affirmé, à la hausse ou à la baisse. Si le cours devait clôturer de façon franche au-delà de la borne supérieure, la probabilité d'un nouveau mouvement haussier augmenterait. Inversement, on aurait un signal d'alerte négatif en cas d'enfoncement net (en clôture) de la borne inférieure des bandes de Bollinger et de rupture de la zone de support horizontale de 20,85-21,08 euros et de la moyenne mobile à 30 jours (un support ascendant dynamique qui avait bien joué son rôle de soutien en janvier).

Exail Technologies, France, D, Paris ▾   O 21.50 H 21.55 B 21.20 C 21.40
BB (20, 2) ▾   21.5675 21.9526 21.1824
MA (30, close, 0) ▾   21.1013
Market Closed
23.00
21.95
21.57
21.40
21.18
21.10
21.09
20.97
20.86
19.00
18.00
17.00
16.00
15.00
Investing.com
Sept
2024

LES GAPS (FENÊTRES)

Les *gaps* (trous de cotation entre deux séances) traduisent l'absence de transactions sur un actif financier. Un *gap* haussier se crée quand le point bas d'une séance est plus élevé que le point haut de la veille. Un *gap* baissier se forme quand le point haut de la séance est inférieur au point bas de la séance précédente. Le *gap* commun (ou « vulgaire ») est un trou de cotation peu important (souvent lié à l'actualité économique), sans enfoncement de support important ou débordement de résistance majeure. Les *gaps* communs sont généralement assez rapidement « comblés ». Plus importants sont le *gap* de rupture (*breakaway gap*), le *gap* de continuation (*runaway gap*) – *gap* dit « de mesure » (*measuring gap*) – et le *gap* d'épuisement (*exhaustion gap*), aussi appelé *gap* terminal.

Le *gap* de rupture, souvent assorti de gros volumes de transactions, se produit lors de la traversée d'un support ou d'une résistance. Il apparaît souvent à la finalisation d'une figure chartiste et au début d'un mouvement marqué. Les *gaps* de rupture ne sont généralement pas comblés et font office de support (cas d'un *gap* haussier) ou de résistance (cas d'un *gap* baissier). Le *gap* de continuation se produit au sein d'un mouvement en cours, à peu près à mi-chemin du futur mouvement complet. Tout comme le *gap* de rupture, le *gap* de continuation fait office de support (cas d'un *gap* haussier) ou de résistance (cas d'un *gap* baissier). Le *gap* d'épuisement (*gap* terminal) finit par apparaître et annonce la fin proche du mouvement. Quand le cours inverse la vapeur et traverse ce dernier *gap*, la probabilité d'un retournement se renforce.

Pendant le krach du Covid-19 de l'hiver 2020, l'action Hermès a signé trois *gaps* baissiers successifs. Le premier (615-624 euros) est un *gap* de rupture. En effet, à cette occasion, le cours a rompu en clôture de séance le 9 mars le support de 615 euros (point bas majeur de fin février). Le deuxième (579-589 euros) est un *gap* de continuation (*gap* de mesure). À cette occasion, l'action enfonce le support horizontal de 588-589 euros datant de 2019.

Quand on voit le troisième *gap* (557-563 euros) apparaître, à ce stade du mouvement baissier (alors déjà très marqué), on peut penser qu'il s'agit *a priori* d'un *gap* d'épuisement. Cette hypothèse se confirme très rapidement, puisque ce dernier *gap* baissier est retraversé dès le lendemain. Quelques séances plus tard, l'ouverture d'un *gap* haussier massif et l'inscription d'une clôture de séance (très) au-delà du troisième gap baissier confortent l'idée que le mouvement baissier est derrière nous et que l'action devrait progressivement se redresser. Le rally finit par caler sur l'ex-support horizontal de 671 euros, qui fait désormais office de résistance.

LES CANAUX : LE CANAL HAUSSIER

Un canal est une combinaison de deux lignes parallèles, entre lesquelles le cours évolue, allant d'une borne à l'autre. Un canal haussier est constitué d'une ligne de tendance haussière passant par au moins deux creux majeurs et d'une ligne parallèle passant par au moins deux pics importants. Une fois un canal haussier repéré, l'investisseur peut acheter non loin de sa borne basse (la ligne de tendance principale), pour viser un ralliement de la borne haute (la ligne parallèle). Alternativement, on peut envisager de rester investi tant que le cours ne s'extrait pas (par le bas) du canal haussier (tant que le canal ascendant reste intact, donc). Les canaux peuvent s'observer sur tous les horizons de temps, comme nous allons le voir dans l'exemple ci-après.

Depuis le début des années 2020, l'action Deutsche Telekom a formé de nombreux canaux, haussiers ou baissiers. Un large canal ascendant passe par les pics et creux majeurs inscrits sur l'action depuis le sommet pré-Covid (février 2020). Un canal haussier de taille plus modeste passe par les pics et creux majeurs inscrits entre mars et juin 2020. Le 22 juin, l'action envoie toutefois un premier signal d'alerte en enfonçant en clôture de séance la moyenne mobile à 20 jours, qui avait déjà bien joué son rôle de support haussier le 20 mai (en favorisant alors un rebond du cours, non loin de l'oblique haussière reliant les creux majeurs inscrits depuis le 16 mars – la future borne basse du canal haussier). Le 24 juin, l'action envoie un second signal d'alerte en s'extrayant par le bas (en clôture de séance) du canal haussier. Il est intéressant de noter que par la suite, la borne basse du canal haussier a inversé son rôle (de support ascendant, elle s'est transformée en résistance haussière), pour devenir un obstacle à la hausse des cours. Les tentatives de reprise de l'action ont en effet échoué à de multiples reprises, fin juin et début juillet.

Par la suite, l'action a évolué au sein d'une configuration en rectangle (abordée ailleurs dans le cadre de cet ouvrage), à savoir un bandeau horizontal de fluctuation des cours délimité par la zone de résistance de 15,54-15,60 euros (borne haute) et la zone de support de 14,11-14,17 euros (borne basse), qui correspond notamment à une ancienne résistance majeure (débordée et donc transformée en soutien) : la borne basse du *gap* baissier de rupture ouvert entre le 6 et le 9 mars et le pic majeur du 19 mai.

LES CANAUX : LE CANAL BAISSIER

Un canal baissier est constitué d'une ligne de tendance baissière passant par au moins deux pics majeurs et d'une ligne parallèle passant par au moins deux creux importants. Au sein d'un canal descendant, l'investisseur peut vendre (ou vendre à découvert) non loin de la borne haute (la ligne de tendance principale), pour viser un retour vers la borne basse (la ligne parallèle). Tant que le cours ne s'extrait pas (par le haut) du canal baissier (tant que le canal descendant reste intact), il faut généralement s'abstenir d'acheter (sauf si d'autres éléments de l'analyse technique suggèrent que le cours a de bonnes chances de s'extraire prochainement du canal baissier par le haut).

À l'automne 2018 et au premier semestre 2019, le DAX a enchaîné la formation de canaux (baissiers et haussiers). Le 18 janvier, le DAX ouvre un *gap* haussier et s'extrait du large canal descendant au sein duquel il évoluait, tout en franchissant la moyenne mobile à 50 jours (une résistance pertinente, qui avait bien joué son rôle d'obstacle baissier dynamique début décembre) et l'importante zone de résistance horizontale de 10 989-11 066 points (point de passage des niveaux d'anciens pics ou creux majeurs et de la borne basse d'un *gap* baissier). Des signaux encourageants, pour un acheteur.

Les mois qui suivent, le DAX suit une tendance haussière. Le 29 mai, il envoie un signal d'alerte en s'extrayant par le bas du canal haussier et en enfonçant la moyenne mobile à 50 jours (pertinente, puisqu'elle avait bien joué son rôle de support haussier en mars puis en mai). La correction baissière qui a suivi s'est toutefois révélée brève. Après avoir formé un nouveau canal baissier, le DAX s'en est extrait par le haut le 11 juin. À ce stade, la borne haute du canal baissier a très bien joué son nouveau rôle de support descendant, en faisant rempart à la baisse des cours. Après avoir formé un canal ascendant le 18 juin, le DAX est reparti de l'avant, avant de s'en extraire par le bas le 9 juillet.

DAX, Allemagne, D, Xetra (CFD)
O 17395.34   H 17443.05   B 17355.15   C 17419.33
MA (50, close, 0)   16822.1971
12800.00
12600.00
12433.83
12387.34
12187.42
12000.00
11800.00
11600.00
11400.00
11200.00
11066.49
10994.68
10991.23
10800.00
10600.00
10400.00
10200.00
Investing.com
Oct
2019

LE DRAPEAU HAUSSIER

Un drapeau (*flag*), haussier (*bull flag*) ou baissier (*bear flag*), est une figure de continuation sur l'évolution du cours d'un actif financier apparaissant suite à un mouvement – ascendant ou descendant – (idéalement) quasi-vertical. Du moins, un mouvement très dynamique. Voyons d'abord le cas d'un drapeau haussier. Après une montée rapide, le cours reprend sa respiration en corrigeant à la baisse au sein d'un canal descendant, sur fond de volumes de transactions décroissants. Quand le cours s'extrait (en clôture de séance) du canal baissier par le haut, avec un regain de volumes de transactions, le drapeau haussier en gestation est finalisé (validé). Un drapeau étant censé « flotter à mi-mât », un objectif de cours peut être calculé en reportant le mouvement précédant le canal à partir du point d'extraction du drapeau (c'est-à-dire du canal), dans le sens de sortie.

L'action Unibail-Rodamco-Westfield (URW) a validé en février 2024 un bon exemple de drapeau haussier. Après une forte reprise du cours de l'action du géant franco-néerlandais de l'immobilier depuis le point bas majeur du 26 octobre 2023, l'envolée devient quasi-verticale à partir du 27 novembre. Après avoir inscrit le 20 décembre un pic majeur, l'action reprend ensuite son souffle en oscillant entre deux bornes parallèles descendantes (canal baissier) reliant différents creux et pics.

Pour autant, les acheteurs finissent par redonner de la voix. L'action s'appuie sur plusieurs soutiens haussiers, comme la moyenne mobile exponentielle à 34 jours (la courbe ascendante) le 23 janvier puis début février, ainsi que la borne haute du *kumo* (le nuage – ou *cloud* en anglais – de la méthode d'investissement japonaise Ichimoku Kinko Hyo) le 6 février. Le cours se reprend nettement. Le 8 février, il ouvre un *gap* haussier (trou de cotation entre deux séances) et s'extrait par le haut du canal baissier, validant ainsi le drapeau haussier. Et ce, avec une envolée des volumes de transactions, sans surprise.

À ce stade, le cours est censé en théorie grimper à hauteur du mouvement haussier précédant l'entrée dans le canal baissier. Pour protéger son capital, un investisseur peut envisager de placer un stop de protection (ordre de vente coupe-perte) sous 63 euros (entre autres niveaux de stop pertinents envisageables). En effet, sous ce niveau, l'action aura enfoncé sa moyenne mobile exponentielle à 34 jours, « effacé » le drapeau (le canal baissier), pulvérisé le support horizontal constitué par le point bas de janvier 2024, reflué sous le *gap* (trou de cotation) haussier ouvert entre le 13 et le 14 décembre 2023 et même enfoncé les pics majeurs de février 2023.

LE DRAPEAU BAISSIER

Un drapeau baissier est la configuration miroir du drapeau haussier. Il est finalisé quand, après une forte chute, idéalement quasi-verticale, le cours corrige à la hausse le mouvement baissier précédent en évoluant au sein d'un canal ascendant, avant de s'en extraire par le bas (en clôture) avec un bond des volumes de transactions. Pour déterminer l'objectif de cours, la logique est la même que pour le drapeau haussier. Dans le cas du drapeau baissier, la cible est fixée en reportant le mouvement baissier précédant le canal à partir du point d'extraction du drapeau (c'est-à-dire du canal) vers le bas (sens de la sortie).

Prenons l'exemple d'Heineken. À la Bourse d'Amsterdam, le cours du brasseur avait décroché fin juillet 2023. Un plongeon vertical lié à l'abaissement de l'objectif de croissance (hors acquisitions et impact de l'évolution des taux de change) du résultat opérationnel ajusté. L'action avait bien tenté de panser ses plaies en août, en évoluant au sein d'un canal haussier. Hélas, après avoir heurté une première résistance baissière dynamique les 29 et 31 août (la moyenne mobile exponentielle à 34 jours) puis une seconde le 4 septembre (la *kijun*, élément de la méthode d'investissement japonaise Ichimoku Kinko Hyo), le cours d'Heineken s'extrait par le bas du canal haussier, validant ainsi la configuration de drapeau baissier.

À ce stade, l'écartement des bandes de Bollinger (jauge de la volatilité des cours) conforte le risque de reprise du mouvement baissier. Un risque qui se concrétise très vite. Le cours d'Heineken pulvérise le 7 septembre le support horizontal de 87,50 euros (l'ex-creux majeur du 2 août, qui faisait jusqu'alors office de soutien), confortant ainsi la dynamique baissière. Ce seuil de 87,50 euros se transforme alors en résistance horizontale, qui jouera son rôle les 20 et 21 septembre puis à nouveau les 8 et 9 novembre. La moyenne mobile à 20 jours a aussi bien joué son rôle de résistance baissière dynamique les 20 et 21 septembre puis le 5 octobre.

Heineken, Pays-Bas, D, Amsterdam
O 87.10 H 89.30 B 87.30 C
EMA (34, close, 0)
91.8526
BB (20, 2)
92.5390 96.2482 88.8298
D
Investing.com
Volume (20)
785.149K 462.479K
Août
Sept
Oct
Nov

LA TÊTE ET ÉPAULES
(LE SOMMET EN TROIS BOUDDHAS)

La configuration en « tête et épaules » (*head and shoulders*) ou « épaule, tête et épaule » (ETE), aussi appelée sommet en trois bouddhas, est une figure de retournement apparaissant après une tendance haussière. Elle est formée de 3 pics successifs, celui du milieu étant plus haut que les deux autres (souvent à peu près de la même hauteur). Une succession de sommets qui fait penser à une épaule, une tête et une épaule. Les volumes de transactions sont souvent moins étoffés pour la tête que pour la première épaule et encore moins fournis pour la seconde épaule.

Quand le cours enfonce (en clôture) la ligne droite (appelée « ligne de cou », en référence à la tête et aux épaules) reliant les deux creux séparant les trois sommets (un signal négatif qui s'accompagne souvent d'un bond des volumes de transactions), la configuration en « tête et épaules » est validée. Un mouvement baissier est alors à prévoir. En théorie, un objectif de cours minimum peut être déterminé en reportant la hauteur de la tête (l'intervalle de cours compris entre le sommet de la tête et le niveau de la « ligne de cou ») vers le bas, à partir du point d'enfoncement de la « ligne de cou ».

Entre juillet et octobre 2020, le DAX a dessiné une configuration de retournement en « tête et épaules ». Comme le veut la théorie, la tête (le sommet central) est plus élevée que les deux épaules (les sommets de part et d'autre de la tête). Des épaules qui ont à peu près la même hauteur. Le 16 octobre, le DAX ouvre un *gap* baissier et enfonce la « ligne de cou », un signal très négatif validé à la clôture de la séance. La configuration en « tête et épaules » est finalisée. Comme prévu, le DAX plonge, sans toutefois atteindre tout à fait l'objectif de cours minimum théorique. Le 3 novembre, le DAX ouvre un *gap* haussier, ce qui – au vu du *gap* baissier ouvert quatre jours plus tôt – valide une configuration de retournement (positive) dite en « île de renversement (*island reversal*) », abordée d'ailleurs dans le cadre de cet ouvrage. Le DAX s'envole.

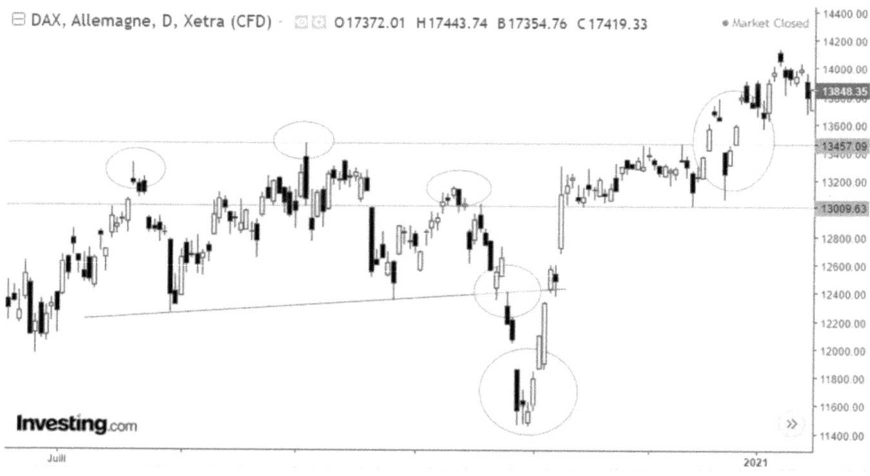

DAX, Allemagne, D, Xetra (CFD)
O 17372.01 H 17443.74 B 17354.76 C 17419.33
Market Closed
14400.00
14200.00
14000.00
13848.35
13600.00
13457.09
13400.00
13200.00
13009.63
12800.00
12600.00
12400.00
12200.00
12000.00
11800.00
11600.00
11400.00
Investing.com
Juill
2021

LA TÊTE ET ÉPAULES INVERSÉE
(LE CREUX EN TROIS BOUDDHAS)

La « tête et épaules inversée » ou « épaule, tête et épaule inversée » (ETEI), aussi appelée « creux en trois bouddhas », est la configuration miroir de la « tête et épaules ». Après une tendance baissière, trois creux sont inscrits. Le deuxième creux (tête) est plus bas que le premier (épaule 1) et le troisième (épaule 2), qui sont censés en théorie être à peu près de la même taille. Une fois la « ligne de cou » (la droite reliant les deux sommets séparant les trois creux) franchie (en clôture) – un signal positif souvent accompagné d'un bond des volumes – la configuration de retournement à la hausse est actée. Pour l'ETEI comme pour l'ETE, un bref « mouvement retour » vers la ligne de cou peut se produire. Mais une fois l'ETEI validée, le cours doit assez vite grimper. En cas d'évolution décevante, on peut envisager de revendre par prudence, au choix, en cas d'enfoncement net (et en clôture) de la ligne de cou, en cas de rupture de l'oblique reliant la tête et l'épaule 2 ou en cas d'enfoncement de cette dernière.

Nvidia a validé en janvier 2023 une ETEI. Un premier creux (épaule 1) est inscrit à 140 dollars l'été 2022, puis un deuxième (tête) à 108 dollars en octobre et enfin un troisième (épaule 2) à 139 dollars en décembre. Les épaules sont ainsi inscrites au même niveau. Le 23 janvier, la « ligne de cou » reliant les deux sommets séparant la tête des épaules est franchie, ce qui valide l'ETEI. Un mouvement retour (légère correction baissière) se produit deux jours plus tard. À cette occasion, l'action revient prendre appui avec précision sur la ligne de cou, avant de s'envoler par la suite. Nvidia se lance alors dans un long rally, qui s'étend bien au-delà de l'objectif de cours minimum (le report de la hauteur de la tête à partir du franchissement de la « ligne de cou »). Après avoir pris appui sur sa moyenne mobile à 150 jours fin octobre puis validé une configuration de continuation dite « en rectangle » (abordée ailleurs dans cet ouvrage) entre juin 2023 et janvier 2024, l'action s'envole à nouveau.

NVIDIA Corporation, États-Unis, D, NASDAQ - O 807.90 H 823.94 B 775.70 C 788.17
MA (150, close, 0) - 498.9457
Market Closed
640.00
596.54
560.00
520.00
504.77
480.00
460.96
440.00
400.18
360.00
320.00
280.00
240.00
200.00
160.00
140.43
120.00
Investing.com
Juin
2023
2024

LA TÊTE ET ÉPAULES ET LA TÊTE ET ÉPAULES INVERSÉE DE CONTINUATION

Parfois, une « tête et épaules » (ETE) ou une « tête et épaules inversée » (ETEI) ne fera pas office de configuration de retournement mais de figure de continuation de tendance. Une « ETE » peut apparaître après une tendance baissière. Le cours inscrit trois pics : un premier sommet (épaule 1), puis un deuxième (la tête) plus haut que le premier, et enfin un troisième (épaule 2), censé être à peu près de la même hauteur que l'épaule 1, en théorie. « L'ETE de continuation » est validée une fois la ligne de cou (la droite reliant les deux creux intermédiaires) enfoncée en clôture. La tendance baissière préexistante reprend alors. Inversement, une « ETEI de continuation » peut être observée après une tendance haussière. Un premier creux (épaule 1) est inscrit, puis un deuxième (la tête) situé plus bas, et enfin un troisième et dernier creux (épaule 2), censé être aussi profond que l'épaule 1. Une fois la « ligne de cou » (la droite reliant les deux sommets intermédiaires) débordée en clôture, la figure en « ETEI » de continuation est validée. La tendance haussière préexistante reprend.

Alors que l'action URW a validé en février 2024 une figure de continuation en « drapeau haussier » (ce que nous avons explicité en détail dans cet ouvrage), on remarque qu'elle a aussi dessiné une configuration de continuation en « tête et épaules inversée ». Après un important rally en novembre et décembre 2023, URW inscrit un premier creux (épaule 1) plus haut que le deuxième (tête), tandis que le troisième est à peu près au même niveau que le premier. Ici, la tête et l'épaule 2 formées par l'action URW sont inscrites au contact de la moyenne mobile exponentielle à 34 jours, support haussier. Le 8 février, URW ouvre un *gap* haussier puis franchit de belle manière la « ligne de cou » reliant les deux sommets intermédiaires. La « tête et épaules inversée » de continuation est alors validée. L'objectif de cours minimum (le report de la hauteur de la tête à partir de la ligne de cou) est très rapidement atteint !

Unibail-Rodamco-Westfield SE, France, D, Paris · O 68.52 H 69.12 B 67.68 C 68.70
EMA (34, close, 0) · 67.4580
Market Closed
75.00
72.38
70.00
67.72
66.05
65.00
62.50
60.00
57.50
55.00
52.50
50.00
47.50
45.00
Investing.com
Nov
2024

LE RECTANGLE

Bandeau horizontal de fluctuation des cours, le rectangle (aussi appelé zone de congestion ou *trading range*, en anglais) est habituellement une figure de continuation mais parfois une configuration de retournement. Après une tendance haussière ou baissière, le cours reprend son souffle en évoluant entre deux bornes horizontales : la ligne supérieure reliant au moins deux pics majeurs de même niveau (ou à peu près) et la ligne inférieure passant au minimum par deux creux majeurs de même niveau (ou presque). Le rectangle est validé dès que le cours s'en extrait (de façon nette et en clôture). Le sens de sortie du rectangle est censé donner la direction du mouvement à venir. Un signal d'achat est envoyé quand le cours s'en extrait par le haut. Un signal de vente est généré en cas de sortie par le bas. On peut déterminer un objectif de cours en reportant la hauteur du rectangle au point d'extraction, dans le sens de la sortie. Une fois franchie, la borne haute d'un rectangle se transforme en support. De même, une fois enfoncée, la borne basse du rectangle devient une résistance.

L'action Deutsche Telekom a dessiné au premier trimestre 2021 un exemple de rectangle (de continuation), après un mouvement haussier initié fin octobre 2020. Dès janvier, on constate que l'action du géant des télécoms évolue entre deux bornes horizontales (14,59 euros et 15,37 euros), qui ne sont pas traversées (en clôture de séance) jusqu'à début mars. L'action prend toutefois appui sur sa moyenne mobile à 20 jours à partir du 25 février puis envoie le 8 mars un signal très encourageant en débordant la borne haute des bandes de Bollinger (jauge de la volatilité des cours), qui s'étaient dernièrement resserrées. Le 9 mars, le cours sort (en clôture de séance) par le haut du rectangle, validant ainsi cette configuration de continuation du mouvement haussier initial. La formation d'un gap haussier entre les 9 et 10 mars conforte le scénario de reprise du mouvement ascendant.

Deutsche Telekom AG Na, Allemagne, D, Xetra (CFD) ~ O 22.365 H 22.380 B 22.270 C 22.350
BB (20, 2) ~ 22.4522 23.0558 21.8487
Investing.com
17.500
17.097
16.470
16.000
15.590
15.374
15.000
14.585
14.084
13.500
13.000
12.500
Nov
2021

LES TRIANGLES :
LE TRIANGLE SYMÉTRIQUE

Les triangles – ascendants, descendants ou « symétriques » – sont (le plus souvent) des configurations de continuation. À l'instar d'un « biseau (*wedge*) », un triangle est constitué de deux droites convergentes. Contrairement au « biseau », dans le cas du triangle, ces droites ne sont pas orientées dans le même sens (hausse ou baisse). Un triangle « symétrique » est formé de deux obliques de sens contraires : une ligne droite haussière et une autre baissière, entre lesquelles le cours oscille. Après un mouvement haussier, le cours a plus de chances de sortir d'un triangle symétrique par le haut que par le bas. Et après un mouvement baissier, il a plus de chances d'en sortir par le bas que par le haut. Quand il s'extrait de façon nette et en clôture (un signal qui valide la configuration) d'un triangle symétrique dans le sens de la tendance préexistante, elle est censée se poursuivre. Un bref mouvement retour vers l'oblique traversée n'est pas exclu, mais le cours doit assez vite s'élancer dans le sens de la sortie du triangle.

Au sein des bornes d'un triangle (symétrique, ascendant ou descendant), les volumes de transactions sont censés diminuer. Et quand le cours s'extrait de la figure, les volumes tendent à bondir. Attention, si le cours se rapproche trop de la pointe du triangle (le point de convergence des deux obliques), la configuration perd de son intérêt. En effet, l'actif financier a alors davantage de chances de continuer à faire du sur-place.

Dans le cadre d'une tendance haussière préexistante, le Dow Jones a dessiné l'été 2017 un triangle symétrique, avec une borne basse haussière touchée 5 fois et une borne haute baissière reliant 2 pics. Le 11 septembre, le Dow Jones ouvre un *gap* haussier et s'extrait par le haut (et en clôture) du triangle symétrique. La tendance haussière initiale se poursuit. La moyenne mobile exponentielle à 13 jours joue bien son rôle de support haussier. À l'automne, le Dow Jones dessine un « rectangle » puis s'en extrait par le haut.

Dow Jones Industrial Average, États-Unis, D, NYSE
O 39127.97 H 39281.95 B 39094.70 C 39131.53
EMA (13, close, 0)   38675.9880
Market Closed
24200.00
23940.68
23800.00
23606.64
23588.31
23400.00
23248.88
23000.00
22800.00
22600.00
22400.00
22200.00
22000.00
21800.00
21600.00
21400.00
21200.00
Investing.com
18   Août   Sept   Oct   Nov

LES TRIANGLES :
LE TRIANGLE ASCENDANT

Un triangle ascendant a le plus souvent une implication haussière. Il est constitué d'une oblique haussière (support ascendant passant par au moins deux creux) et d'une ligne droite horizontale (résistance plate passant par au moins deux sommets, situés au même niveau ou à peu près). La borne basse ascendante traduit une pression acheteuse, haussière, avec des acheteurs plus déterminés que les vendeurs. Un triangle ascendant est finalisé (validé) quand le cours déborde (de façon nette et en clôture) la résistance horizontale, qui se transforme alors en support plat en cas de rechute des cours. Et en effet, à ce stade, un bref « mouvement retour » vers l'ex-borne haute du triangle ascendant est possible. Pour autant, après l'extraction par le haut du triangle ascendant, le cours est censé assez vite prendre le chemin de la hausse. Un objectif de cours minimum peut être calculé en prenant la hauteur du triangle (à mesurer sur l'extrémité gauche de la figure) et en reportant (vers le haut) ce segment à partir du point de sortie de la configuration.

En 2019, le Dow Jones suit une tendance haussière. De début juin à fin octobre, il reprend son souffle en dessinant un triangle ascendant. Début novembre, il s'en extrait par le haut, via l'ouverture d'un *gap* haussier et une clôture de séance au-delà de la barre horizontale de 27 307-27 399 points (la zone de résistance plate passant par des sommets majeurs, situés à peu près au même niveau). Un nouveau mouvement – haussier (comme la tendance préexistante) – commence. Le Dow Jones trouvera le 3 décembre un support au niveau de la borne haute du triangle ascendant (qui, une fois franchie, se transforme en soutien en cas de baisse des cours). L'objectif de cours minimum calculé donne une cible proche du seuil psychologique de 30 000 points. Un objectif qui n'a pas été tout à fait atteint, du fait de l'éclatement de la crise du Covid-19. Après avoir enfoncé la moyenne mobile à 65 jours puis le creux de fin janvier dans la foulée, le Dow Jones chute lourdement.

Dow Jones Industrial Average, États-Unis, D, NYSE
O 39127.97 H 39281.95 B 39094.70 C 39131.53
MA (65, close, 0)   37437.8945
Market Closed
30000.00
29000.00
28565.10
28191.43
28000.00
27338.88
27308.57
26957.59
26000.00
25000.00
24000.00
23606.64
23248.88
23000.00
22000.00
Investing.com
2019
Mars
2020

LES TRIANGLES :
LE TRIANGLE DESCENDANT

Un triangle descendant a le plus souvent une implication baissière. Il est formé par une oblique baissière (ligne droite de résistance descendante reliant au moins deux pics) et une ligne droite horizontale (support plat passant par au moins deux creux, situés au même niveau ou à peu près). La borne haute descendante traduit une pression vendeuse, baissière, avec des vendeurs plus offensifs que les acheteurs. Un triangle descendant est finalisé (validé) quand le cours rompt (de façon nette et en clôture) le support horizontal, qui se transforme alors en résistance plate en cas de rebond des cours (c'est-à-dire en cas de « mouvement retour » – *pull back* – vers l'ex-borne basse du triangle descendant). Une fois le cours extrait par le bas du triangle descendant, le cours est censé assez vite prendre le chemin de la baisse. Un objectif de cours minimum peut être calculé en prenant la hauteur du triangle (à mesurer sur l'extrémité gauche de la figure) et en reportant (vers le bas) ce segment à partir du point de sortie de la figure.

L'action Apple a dessiné fin 2012 et début 2013 un triangle descendant, qui a été suivi d'une accélération baissière et d'une poursuite de la tendance descendante. En octobre 2012, le cours valide une figure de retournement à la baisse en tête et épaules (ETE) puis suit une tendance baissière. De mi-octobre à mi-janvier, un triangle descendant se forme, avec une oblique baissière reliant les pics du 17 octobre, du 3 décembre et du 2 janvier et un support horizontal reliant les creux du 16 novembre et des 14 et 27 décembre. Un soutien horizontal qui finit par être enfoncé en clôture de séance le 14 janvier, après l'ouverture d'un *gap* baissier. Le cours s'est donc extrait par le bas du triangle descendant, alors finalisé. Le mouvement baissier reprend de belle manière, puis un large double creux entre février et août permet un retournement massif à la hausse. Sur les mois qui suivent, les pics, une fois franchis, ont bien joué leur nouveau rôle de supports horizontaux.

Apple Inc, United States, D, NASDAQ - O 182.71 H 182.36 B 181.76 C 182.26
26.00
25.00
24.00
23.47
23.00
22.00
21.00
20.54
20.00
19.25
19.00
18.35
18.07
17.27
17.00
16.63
16.00
15.00
13.89
13.75
D
D
D
D
D
D
D
Investing.com
Sept
Nov
2013
Mars
Mai
Juil
Sept
Nov

LE DIAMANT DE SOMMET OU DE CREUX

Un diamant de sommet ou de creux est une figure de retournement rare, censée être un losange couché (succession de deux triangles symétriques accolés). En pratique, il a souvent la forme d'un simple quadrilatère. Dans un diamant, le cours oscille d'abord entre une ligne droite baissière reliant les creux et une ligne droite haussière reliant les pics, avec des mouvements de plus en plus amples. Ensuite, il oscille entre une ligne droite haussière reliant les creux et une ligne droite baissière reliant les pics (les mouvements du cours sont de moins en moins amples). Un diamant de sommet est validé quand le cours s'en extrait par le bas (rupture de la dernière ligne droite haussière). Un diamant de creux est validé quand le cours s'en extrait par le haut (franchissement de la dernière ligne droite baissière). Un objectif de prix minimum est déterminé en reportant la hauteur du diamant au niveau du point d'extraction, dans le sens de la sortie.

L'action Monster Beverage a validé l'été 2022 un diamant de sommet. En effet, après s'en être brièvement extraite le 4 août, elle a confirmé le 5 août en clôture de séance la sortie par le bas, avec un *gap* baissier. L'objectif minimum est atteint dans la journée mais l'action poursuit sa chute. Le 9 août, un marteau amorce un petit rebond, mais les mois qui suivent, la tendance est légèrement baissière. Dans cet intervalle, la borne basse des bandes de Bollinger joue bien son rôle de support, tandis que le creux du diamant remplit bien son rôle de résistance, tout comme la borne haute des bandes de Bollinger. Le 3 novembre, le cours prend appui sur le double support constitué par un soutien horizontal et la moyenne mobile à 20 jours. L'action s'envole et finit par franchir le creux, puis le sommet du diamant (49,81 ou 49,90 dollars, selon qu'on prend le cours de clôture ou le point haut de séance), qui jouera ensuite son nouveau rôle de support horizontal (testé à plusieurs reprises, il sera préservé en clôture de séance).

Monster Beverage Corp, États-Unis, D, NASDAQ
O53.04 H53.43 B52.94 C53.41
Market Closed
BB (20, 2)   54.3210   56.1275   52.5145
54.00
53.00
51.97
51.40
50.84
50.79
49.89
49.82
49.60
49.22
48.00
47.08
46.00
45.06
44.00
43.00
42.00
Investing.com
Juill
Août
Sept
Oct
Nov
Déc
2023

LE DIAMANT DE CONTINUATION

Contrairement au diamant de sommet ou de creux, puissante figure de retournement, le diamant de continuation constitue une figure de transition, avant que la tendance préexistante reprenne ses droits. Quand le sens de sortie d'un diamant est le même que le sens de la tendance initiale, il ne s'agit pas d'un diamant de sommet ou de creux mais d'un diamant de continuation. Une fois validée, cette figure annonce un mouvement majeur, à la hausse si le cours s'extrait du diamant par le haut ou à la baisse en cas d'extraction par le bas.

Après le rally initié en mars 2009, le Dow Jones a dessiné de novembre 2009 à septembre 2010 un ample diamant, dont il s'est extrait par le haut. La tendance initiale étant haussière, il s'agit d'un diamant de continuation, avec un fort potentiel de hausse à la clé. Le 20 septembre, le pic d'août est dépassé, ce qui conforte le scénario haussier. Le 4 octobre, le cours rebondit au niveau du sommet d'août, qui joue alors son nouveau rôle de support. Le mouvement haussier reprend. La correction baissière qui suit prend fin avec un rebond sur le support horizontal de 10 913-10 929 points. Le Dow Jones s'engage ensuite dans une longue envolée, qui s'essouffle toutefois progressivement, avec la formation, de fin 2010 à début août 2011, d'une vaste configuration de retournement à la baisse pouvant s'apparenter à une tête et épaules (ETE). Entre fin juin et le 28 juillet, une configuration de retournement à la baisse en double sommet favorise l'achèvement de l'épaule droite de l'ETE, dont la ligne de cou est traversée le 2 août. À cette occasion, la moyenne mobile à 200 jours est aussi enfoncée. Un double signal négatif majeur est envoyé. Le 4 août, le Dow Jones enfonce en l'espace d'une séance les planchers de juin puis ceux de mi-mars, ce qui conforte alors un scénario baissier. Sans surprise, le Dow Jones plonge rapidement. La tentative de remontée qui suit échoue le 31 août, le cours ne parvenant pas à déborder, à la clôture de séance, celle du 16 mars.

Dow Jones Industrial Average, États-Unis, D, NYSE
O 37845.56 H 37960.34 B 37789.93 C 37930.15
MA (200, close, 0)
36374.4697
13250.00
13000.00
12758.93
12500.00
12301.18
11997.70
11867.74
11750.00
11612.91
11500.00
11246.73
11000.00
10924.60
10718.86
10500.00
10250.00
10000.00
9750.00
9500.00
9250.00
9000.00
8750.00
8500.00
8250.00
Investing.com
Oct
2010
Avr
Juin
Août
Oct
2011
Avr
Juin
Août

LE BISEAU BAISSIER

Un biseau peut être une figure de continuation ou de retournement. Il est constitué de deux obliques (chacune reliant au moins deux creux ou deux pics) orientées dans le même sens, mais convergentes. L'implication d'un biseau ascendant est baissière, et celle d'un biseau descendant est haussière. Ainsi, un biseau descendant de continuation s'inscrit au sein d'une tendance haussière. Après un mouvement haussier, le cours inscrit deux pics descendants (ou plus, s'ils sont alignés, ou presque) et deux creux descendants (idem). Quand le cours s'extrait par le haut du biseau baissier (de façon nette et en clôture), ce dernier est validé. La tendance haussière reprend.

Après une forte tendance haussière, l'action AMD dessine pendant l'hiver 2020 un biseau baissier de continuation, validé le 23 mars. La tendance haussière préexistante reprend alors, avec l'ouverture d'un *gap* haussier dès le lendemain. Le 8 avril, la validation d'une figure en tête et épaules inversée (ETEI) conforte le scénario haussier. Après un bref mouvement retour le lendemain sur la ligne de cou de l'ETEI, l'action bondit, ouvre un *gap* haussier et clôture la séance du 14 avril au-delà d'une résistance horizontale (qui se recoupe avec la borne haute d'un ex-*gap* baissier). Ensuite, le cours forme une figure de continuation en rectangle. Le 29 juin, l'action préserve (en clôture de séance) la borne basse du rectangle, qui se recoupe alors avec la moyenne mobile à 150 jours (support haussier). Le 22 juillet, l'action envoie un signal très positif en s'extrayant par le haut du rectangle et en débordant le pic majeur de février. L'action revient s'appuyer le lendemain sur la borne haute du rectangle (qui, dépassé, s'est transformé en support), puis s'envole. Deux *gaps* haussiers sont ouverts. Le rally finit par s'essouffler quand le cours s'extrait par le bas d'un canal haussier. L'action finit toutefois par prendre appui sur la borne haute du dernier *gap*, valider un double creux puis repartir à la hausse.

Advanced Micro Devices Inc, États-Unis, D, NASDAQ   O 160.67 H 162.27 B 158.47 C 158.47
MA (150, close, 0)   147.1382
Market Closed
100.00
96.00
92.00
88.00
84.00
81.80
80.00
78.74
76.00
73.97
72.00
68.00
64.00
61.26
60.00
58.62
58.62
52.00
49.12
48.00
44.00
40.00
36.00
32.00
Investing.com
2020   Févr   Mars   Avr   Mai   Juin   Juill   Août   Sept   Oc

LE BISEAU HAUSSIER

Le biseau ascendant de continuation s'inscrit quant à lui dans le cadre d'une tendance baissière. Après un mouvement descendant, le cours inscrit deux pics ascendants (ou plus, du moment qu'ils sont alignés, ou presque) et deux creux ascendants (idem). Une fois que le cours s'est extrait par le bas du biseau ascendant (de façon nette et en clôture), ce dernier est validé, puis la tendance baissière reprend.

Après une forte tendance baissière, l'action AMD s'extrait le 10 juin 2022, par le bas, d'un biseau haussier : le mouvement descendant reprend. La moyenne mobile exponentielle à 13 jours joue à plusieurs reprises son rôle de résistance baissière. Mi-juillet, la moyenne mobile exponentielle à 13 jours se redresse et est débordée par le cours, qui franchit aussi la résistance horizontale de 80,43-80,47 dollars : deux signaux favorables. La moyenne mobile exponentielle à 13 jours joue à plusieurs reprises son nouveau rôle de support haussier, mais la moyenne mobile à 150 jours finit par l'emporter : les vendeurs font reculer les acheteurs. La rupture de la zone de support horizontale de 91,09-93,67 dollars conforte le retournement à la baisse. La moyenne mobile exponentielle à 13 jours joue alors à 4 reprises son nouveau rôle de résistance baissière. Le cours se stabilise puis envoie un signal positif en franchissant les résistances horizontales de 71,60-71,65 dollars et 76,50-77,08 dollars puis 79,16-79,23 dollars. La correction baissière qui suit s'arrête sur le seuil horizontal de 76,50-77,08 dollars (franchie, l'ex-résistance s'est transformée en support). Se forment ensuite un canal haussier puis une vaste figure de retournement à la hausse en tête et épaules inversée (ETEI), qui s'étale sur environ un an. Le cours s'envole, puis corrige à la baisse pendant plusieurs mois, au sein de ce qui peut s'apparenter à une figure de continuation haussière en drapeau (*flag*). Puis le cours s'extrait du canal baissier (drapeau validé) et forme dans la foulée une figure en double creux. Le mouvement haussier reprend.

Advanced Micro Devices Inc, United States, D, NASDAQ - O 160.67 H 162.27 B 158.47 C 158.47
MA (150, close, 0) - 147.1382
EMA (13, close, 0) - 158.2642
Market Closed
150.00
145.00
138.90
135.00
131.58
130.00
125.00
120.00
115.00
112.21
111.38
105.00
100.00
95.00
93.61
91.20
90.00
85.00
79.14
76.47
75.00
71.55
70.00
65.00
60.00
55.00
50.00
Mars
Mai
Juill
Sept
Nov
2023
Mars
Mai
Juill
Sept
Nov
Investing.com

L'ÉTOILE FILANTE

L'étoile filante (*shooting star*) est une configuration de retournement à la baisse formée par un chandelier japonais. Après un mouvement haussier, le cours bondit à nouveau, mais le soufflé retombe très vite du fait d'un rapide retour en force des vendeurs sur la période considérée (c'est-à-dire le chandelier japonais en question), souvent une séance de Bourse. Les cours d'ouverture et de clôture et le point bas du chandelier japonais sont assez peu éloignés les uns des autres, mais assez distants du point haut du chandelier. De ce fait, la mèche haute du chandelier est très longue (elle doit représenter au moins deux fois la taille du corps vrai, c'est-à-dire deux fois la différence entre le cours d'ouverture et le cours de clôture), tandis que la mèche basse est très courte ou inexistante. Le corps vrai peut être vert (ou blanc) ou rouge (ou noir). Ce chandelier typique est appelé étoile filante et annonce un probable renversement de tendance à la baisse à court terme. Un scénario qui sera conforté si le chandelier suivant clôture en baisse, surtout si le cours de clôture est inférieur au point bas de l'étoile filante. Et surtout si ce chandelier a un long corps vrai rouge (ou noir). Pour autant, si le cours devait finir par remonter et clôturer au-delà du point haut de l'étoile filante, cette dernière perdrait son intérêt.

Renault a dessiné le 15 décembre une étoile filante, d'autant plus significative que la clôture de la séance s'est faite sous la résistance horizontale majeure de 39,48 euros (point haut du 21 septembre). La séance suivante, qui a marqué une clôture en baisse et inférieure au point bas de l'étoile filante, a conforté sa validité. La chute de l'action s'est ensuite amplifiée suite à l'extraction par le bas du canal haussier et l'enfoncement de la moyenne mobile à 20 jours (qui a ensuite joué un rôle de résistance). Le support horizontal de 36,53-36,69 euros (point bas du 13 décembre) a, une fois enfoncé, très bien joué ensuite son nouveau rôle de résistance entre le 8 janvier et le 7 février.

Renault SA, France, D, Paris   O 45.78   H 46.44   B 45.42   C 46.39
MA (20, close, 0)   41.6142
Investing.com
Août   Sept   Oct   Nov   Déc   2024   Févr   Mars
41.50
41.00
40.50
40.00
39.48
39.00
38.49
38.00
37.73
37.50
37.00
36.70
36.53
36.00
35.50
35.00
34.50
34.00
33.50
33.00
32.50
32.00
31.50
31.00

L'AVALEMENT HAUSSIER

L'avalement haussier est une configuration de retournement formée de deux chandeliers japonais. Il se produit après un mouvement baissier, une tendance descendante (même seulement de court terme). Le premier chandelier a un corps vrai noir. Le second a un corps vrai blanc assez long, qui englobe (ou avale) le corps vrai noir du premier chandelier. Autrement dit, le cours d'ouverture du second chandelier doit être inférieur au cours de clôture du premier chandelier, tandis que le cours de clôture du second chandelier doit dépasser le cours d'ouverture du premier chandelier. Les acheteurs ont alors pris l'avantage sur les vendeurs. Le signal haussier est d'autant plus puissant si les volumes de transactions sont particulièrement étoffés sur le second chandelier, ou si le corps vrai de ce dernier avale ceux de plus d'un chandelier.

Prenons l'exemple de Nvidia à l'automne 2011. Le 4 octobre, un long chandelier blanc avale le corps vrai noir du chandelier du 3 octobre et même celui du chandelier précédent. Et ce, dans des volumes de transactions étoffés. Le cours de l'action repart à la hausse. Après un rally d'ampleur (et très rapide), Nvidia finit par caler le 14 octobre à l'approche de la résistance dynamique constituée par la borne haute des bandes de Bollinger (jauge de la volatilité des cours). Ce jour-là, l'action dessine un pendu (configuration de retournement formée par un chandelier japonais, abordée dans cet ouvrage). Après ce signal de mauvais augure, Nvidia repart sans surprise à la baisse.

Le 21 novembre, l'action prend appui sur le support horizontal de 3,38 dollars (soit le creux majeur du 2 novembre) et réalise un nouvel avalement haussier, un long corps vrai blanc avalant les corps noirs qui précèdent (ceux des 17 et 18 novembre). Et ce, avec un bond des volumes de transactions. Le mouvement de reprise qui suit finit toutefois par caler début décembre, à l'approche de l'importante résistance de 4,03 dollars, constituée par le pic majeur du 16 septembre.

NVIDIA Corporation, États-Unis, D, NASDAQ

BB (20, 2)   3.6130 3.8107 3.4153
Investing.com

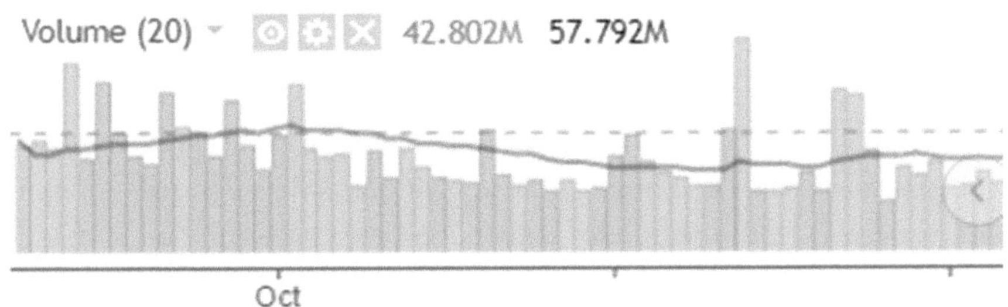
Volume (20)   42.802M 57.792M
Oct

L'AVALEMENT BAISSIER

L'avalement baissier est la configuration miroir de l'avalement haussier. C'est une structure de retournement formée de deux chandeliers japonais, apparaissant après une tendance haussière. Le premier chandelier présente un corps vrai blanc, avalé par le corps vrai noir assez long du second chandelier. Le cours d'ouverture du second chandelier doit être supérieur au cours de clôture du premier chandelier, tandis que le cours de clôture du second chandelier doit être inférieur au cours d'ouverture du premier chandelier. Les vendeurs portent un coup d'arrêt à la poussée des acheteurs, censés continuer à battre en retraite. Le signal baissier est d'autant plus puissant si les volumes de transactions sont très fournis sur le second chandelier, ou si le corps vrai de ce dernier avale ceux de plus d'un chandelier.

Prenons l'exemple de Maurel & Prom. Après un rally initié le 11 janvier 2023, l'action valide le 24 janvier un « avalement baissier » puis rechute, sans surprise. La première semaine de février, l'action prend appui sur la borne basse des bandes de Bollinger (jauge de la volatilité des cours) puis remonte, mais le 13 février, elle cale (en clôture de séance) sur l'obstacle horizontal de 3,78 euros et dessine une étoile filante (une configuration de retournement à la baisse, comme on l'a vu). Le lendemain, un nouvel avalement baissier assombrit un peu plus le tableau. L'action repart à la baisse.

À partir du 13 mars, la volatilité monte d'un cran. L'action revient tester avec précision l'obstacle horizontal de 3,78 euros déjà évoqué – et alors renforcé par la borne haute des bandes de Bollinger (qui joue le rôle de résistance dynamique) – mais échoue à le déborder. L'obstacle constitué par la borne haute des bandes de Bollinger remplit à nouveau son rôle les 3, 4 et 17 avril. En outre, ce jour-là, l'action ne parvient pas à franchir (de façon nette et en clôture de séance) l'obstacle horizontal de 3,78 euros et dessine une étoile filante de mauvais augure.

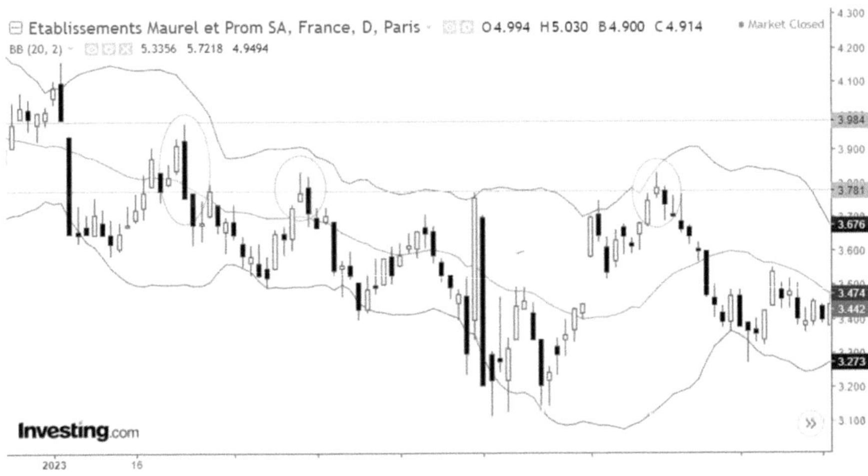

Etablissements Maurel et Prom SA, France, D, Paris · O 4.994 H 5.030 B 4.900 C 4.914   · Market Closed
BB (20, 2) ~   5.3356 5.7218 4.9494
4.300
4.200
4.100
3.984
3.900
3.781
3.676
3.600
3.474
3.442
3.400
3.273
3.300
3.200
3.100
Investing.com
2023
16

LA COUVERTURE EN NUAGE NOIR

Après une tendance ascendante, la couverture en nuage noir est une structure de retournement à la baisse constituée de deux chandeliers. Le premier a un long corps vrai blanc et le second un long corps vrai noir, dont le cours d'ouverture est supérieur au point haut du premier chandelier. Le cours de clôture du second chandelier est censé être proche de son point bas et pénétrer de façon significative le grand corps blanc du premier chandelier (certains exigent même que le cours de clôture du second chandelier soit inférieur au cours médian du corps vrai blanc du premier chandelier). La configuration de couverture en nuage noir est alors validée et le cours est censé chuter. D'autant plus si de nombreux investisseurs avaient acheté au cours d'ouverture du second chandelier et, piégés, se retrouvent dans le rouge à la clôture (ils ne vont pas hésiter à couper rapidement leurs pertes, ce qui se traduira vite par un afflux massif d'ordres de vente). Inversement, si – contre toute attente – le cours remonte par la suite pour clôturer au-dessus du point haut du second chandelier, la couverture en nuage noir est à oublier.

Le 29 janvier, le Dow Jones a entamé une forte chute. Seule la moyenne mobile à 150 jours (la courbe ascendante inférieure, qui jouait alors un rôle de support haussier majeur) a réussi à l'enrayer. Le mouvement ascendant qui a suivi a toutefois pris fin le 27 février, avec la formation d'une couverture en nuage noir. Dans cet exemple, le cours de clôture du second chandelier est largement inférieur au cours médian du corps vrai blanc du premier chandelier. S'il avait été inférieur au cours d'ouverture du premier chandelier, on aurait eu non pas une couverture en nuage noir mais un avalement baissier. En mars, la moyenne mobile à 40 jours et la moyenne mobile exponentielle à 34 jours ont joué le rôle de résistances baissières, mais le Dow Jones a néanmoins réussi à prendre appui le 2 avril sur le support horizontal majeur de 23 360 points (point bas du 9 février) pour rebondir.

Dow Jones Industrial Average, United States, D, NYSE
O 39763.74 H 39867.88 B 39718.41 C 39807.18
Market Closed
MA (40, close, 0) 38912.9994
EMA (34, close, 0) 38946.2795
MA (150, close, 0) 36294.7219
27000.00
26750.00
26500.00
26250.00
26000.00
25750.00
25500.00
25250.00
25000.00
24750.00
24615.71
24459.89
24360.14
24154.10
24000.00
23750.00
23500.00
23357.14
23250.00
23000.00
22750.00
22500.00
22250.00
22000.00
21750.00
Investing.com
Déc
13
2018
12
Févr
13
Mars
13
Avr
12

LE MARUBOZU HAUSSIER (MARUBOZU)

Un marubozu est une configuration formée par un unique chandelier japonais, au corps vrai blanc (marubozu haussier) ou noir (marubozu baissier, aussi appelé morubozu). Ce chandelier est facilement repérable, puisqu'il est relativement long et sans mèche (ou presque : il peut y avoir de très courtes mèches). Autrement dit, dans le cas d'école d'un marubozu haussier, le cours d'ouverture est le point bas du chandelier (ou en est vraiment très proche) et ces deux prix remarquables sont très éloignés du cours de clôture, qui coïncide avec le point haut du chandelier (ou presque). Un marubozu haussier, chandelier au grand corps vrai blanc, traduit sur la période une pression, une force acheteuse prolongée (l'ouverture se faisant au plus bas et la clôture au plus haut), une situation où les acheteurs ont le contrôle et où les vendeurs battent en retraite. Ce chandelier reflète généralement une force de la tendance haussière et signifie qu'elle a de bonnes chances de se prolonger. Attention, toutefois : un marubozu haussier extrêmement étendu est synonyme de surachat, ce qui peut favoriser une correction.

L'action Air liquide a initié début juin 2019 un rally d'ampleur. Le cours a franchi le 4 juin sa moyenne mobile à 20 jours, s'est maintenu au-dessus, puis a rallié la borne haute des bandes de Bollinger, qui a alors joué son rôle de résistance dynamique. La moyenne mobile à 20 jours se retourne à la hausse. La tendance redevient peu à peu haussière. Et la formation, le 18 juin, d'un marubozu haussier (annoté par une ellipse sur le graphique) conforte cette dynamique positive, d'autant qu'il franchit le pic d'avril en clôture de séance. Après cette hausse verticale d'un jour, l'action corrige, mais « à plat » (plutôt qu'à la baisse) sur les séances qui suivent, ce qui atteste du maintien de l'intérêt des acheteurs. Au cours de la longue tendance haussière, les moyennes mobiles à 65 et 20 jours et la borne basse des bandes de Bollinger jouent à de nombreuses reprises leur rôle de supports haussiers.

Air Liquide SA, France, D, Paris O 184.80 H 186.86 B 184.72 C 186.42
BB (20, 2) 185.7010 190.8106 180.5914
MA (65, close, 0) 185.6945
118.00
116.31
113.64
113.61
112.00
110.91
109.98
108.00
106.00
104.00
102.00
100.00
98.41
96.00
94.00
92.00
90.00
Investing.com
Mai Juin Juill Août Sept Oct Nov Déc 2020

LE MARUBOZU BAISSIER (MORUBOZU)

Un marubozu baissier (morubozu) est un chandelier au grand corps vrai noir et sans mèche (ou avec de très courtes mèches). Dans le cas d'école, le cours d'ouverture est le point haut du chandelier (ou en est vraiment très proche) et ces deux prix notables sont très éloignés du cours de clôture, qui coïncide avec le point bas du chandelier (ou presque). Un marubozu baissier traduit une pression, une force vendeuse prolongée (l'ouverture se faisant au plus haut et la clôture au plus bas). Ici, ce sont les vendeurs qui ont la main, tandis que les acheteurs se raréfient. Ce chandelier est censé refléter une force de la tendance baissière, qui a de bonnes chances de se poursuivre. Un marubozu baissier vraiment très étendu traduit toutefois une situation de survente, ce qui peut favoriser une correction haussière.

L'action Lagardère a connu un trou d'air marqué en Bourse en septembre 2023. Le cours valide le 11 une petite configuration de retournement à la baisse en double sommet (*double top*). Ce jour-là, un chandelier au long corps vrai noir, avec une clôture de séance au plus bas de la journée et un cours d'ouverture proche du plus haut du jour (soit un quasi-marubozu baissier) est formé. Le 15 septembre, un marobuzu baissier de très grande envergure (un véritable cas d'école, avec une absence totale de mèche : une ouverture au plus haut du jour et une clôture au plus bas) valide de belle manière une vaste configuration de retournement à la baisse en tête et épaules (ETE), dont la ligne de cou est représentée par l'oblique haussière sur le graphique. Les séances qui suivent, les acheteurs contre-attaquent, mais ce rebond est sans lendemain. En effet, le long marubozu noir et la formation de l'ETE ont donné le sens de la tendance et le mouvement baissier de fond reprend rapidement ses droits. La tendance ne redevient peu à peu haussière qu'à partir de début février 2024. Le franchissement de la résistance horizontale de 18,82 euros envoie un signal positif. Et fin avril, l'apparition d'un quasi-marubozu haussier est de bon augure.

Lagardere SCA, France, D, Paris O21.15 H21.50 B21.30 C21.45
EMA (34, close, 0) 20.8246
24.50
24.00
23.50
23.00
22.50
21.95
21.45
20.82
20.50
20.00
19.50
19.00
18.82
18.50
18.00
17.50
Investing.com
Mars
Mai
Juill
Sept
Nov
2024
Mars
Mai

LE MARTEAU

Après une tendance baissière, un marteau (*takuri* en japonais ou *hammer* en anglais) est une configuration de retournement à la hausse constituée d'un chandelier, formé d'un corps vrai (blanc ou noir) étroit. Ainsi, les cours d'ouverture et de clôture sont assez proches. Et ils se trouvent à proximité (ou au niveau) du point haut du chandelier et à bonne distance de son point bas. La mèche haute est donc très courte ou inexistante et la mèche basse assez longue (au moins deux fois plus que la hauteur du corps vrai). Un marteau traduit une contre-attaque des acheteurs depuis le point bas du chandelier. Il est d'autant plus haussier que sa mèche basse est longue, que sa mèche haute est courte et que son corps vrai est blanc. Une fois un marteau formé, il est préférable que le chandelier suivant clôture en hausse et si possible au-dessus du point haut du marteau. Si après un marteau, le cours clôture sous son point bas, ce marteau perd de son intérêt.

Renault a dessiné en 2023 de nombreux marteaux (notés par des ellipses), mais de qualité inégale. Le premier marteau (22 juin) est intéressant : il est suivi par un chandelier marquant une clôture en hausse et supérieure au point haut du marteau. Sans surprise, le cours remonte vivement sur les séances suivantes. Le deuxième marteau (8 août) est peu engageant, car le chandelier suivant présente un long corps vrai noir, avec une clôture inférieure au point haut du marteau. Le cours reprend vite le chemin de la baisse. Le quatrième marteau (4 octobre) est mitigé : le chandelier suivant a un long corps noir avec une clôture en baisse (mauvais point), mais le marteau se forme au-dessus du support horizontal majeur constitué des creux du 26 juin et du 5 septembre (bon point). Le cinquième marteau (26 octobre) est très intéressant : il se forme à proximité d'un support horizontal clé (le plancher de fin mai), tandis que le chandelier suivant clôture en hausse et au-dessus du point haut du marteau.

Renault SA, France, D, Paris   O 46.45 H 47.12 B 46.44 C 46.80
Market Closed
41.50
41.00
40.50
40.00
39.50
39.00
38.50
38.00
37.50
37.00
36.50
36.00
35.50
35.06
34.78
34.58
34.45
34.00
33.50
33.00
32.50
32.00
31.50
31.27
31.19
Investing.com
Juin
16
Juill
Août
16
Sept
Oct
17
Nov
16

LE MARTEAU INVERSÉ

Après une tendance baissière, un marteau inversé est une configuration de retournement à la hausse constituée d'un chandelier japonais, qui prend la forme d'un marteau renversé (ou d'une étoile filante, si ce n'est que dans ce cas-ci, elle apparaît après un mouvement baissier et non haussier). C'est en quelque sorte la configuration miroir du marteau : un marteau inversé a une longue mèche haute et pas ou peu de mèche basse. Ce chandelier a un petit corps vrai (les cours d'ouverture et de clôture sont proches, voire parfois au même niveau) situé près du point bas et loin du point haut. Après un marteau inversé, le chandelier suivant est censé être blanc et clôturer en hausse pour conforter le scénario d'un retournement haussier.

Le 18 avril 2005, après une tendance baissière, Nvidia matérialise un marteau inversé, validé le lendemain par un chandelier blanc ascendant. Le mouvement de reprise qui suit cale toutefois sur un double obstacle : la moyenne mobile à 20 jours (la courbe descendante, qui joue le rôle de résistance baissière dynamique) et la résistance horizontale de 1,92 dollar. En mai, l'action valide un double creux (configuration de retournement à la hausse) mais corrige à la baisse après avoir calé sur l'obstacle horizontal de 1,98 dollar. La moyenne mobile à 20 jours, qui se renverse à la hausse (et devient ainsi un support ascendant) enraye alors cette correction baissière. Le cours repart à la hausse et franchit la résistance horizontale de 1,98 dollar (en ouvrant à cette occasion un *gap*). S'ensuit un important mouvement haussier, puis une correction baissière, qui prend fin le 15 juin, avec la formation d'un marteau au contact de la borne basse (support haussier dynamique) des bandes de Bollinger (jauge de la volatilité des cours). Le rebond qui suit cale sur l'obstacle horizontal de 2,38 dollars (constitué du point haut du 3 juin et du cours de clôture du 13 juin). Après une rechute, le cours parvient toutefois à préserver (en clôture de séance) le support horizontal de 2,15 dollars.

NVIDIA Corporation, United States, D, NASDAQ   O 903.60   H 921.88   B 892.19   C 898.89
BB (20, 2)   898.2302   951.0718   845.3887
2.60
2.55
2.50
2.45
2.40
2.38
2.36
2.30
2.27
2.25
2.20
2.15
2.14
2.10
2.05
2.00
1.98
1.95
1.92
1.90
1.85
1.80
1.75
1.70
1.65
1.60
Investing.com
2005   Févr   Mars   Avr   Mai   Juin   Juill   Août

LE PENDU

Un pendu est une configuration de retournement à la baisse formée d'un chandelier japonais, constitué d'un petit corps vrai (les cours d'ouverture et de clôture sont très proches) et d'une longue mèche basse (le point bas est très inférieur aux cours d'ouverture et de clôture), dont la hauteur devrait représenter au moins deux fois celle du corps vrai. Il n'y a pas de mèche haute, ou très peu. Après l'apparition d'un pendu, le cours est censé rechuter, mais on peut aussi attendre une confirmation baissière lors du chandelier japonais suivant, avec un corps vrai noir et une clôture en baisse.

L'action Nvidia a formé le 17 février 2010 un pendu. Le cours d'ouverture (4,47 dollars) s'est fait au plus haut de la séance, les vendeurs ont ramené l'action à un point bas très inférieur (4,33 dollars), puis les acheteurs ont contre-attaqué, si bien que l'action a clôturé la séance à 4,46 dollars, presque au plus haut de la journée. Le lendemain, l'action ouvre un *gap* baissier et clôture en net repli, puis poursuit son mouvement baissier sur les séances de Bourse qui suivent. Le 25 février, l'action initie un mouvement haussier. Le 21 avril cependant, l'action clôture la séance sous l'oblique haussière reliant les creux des derniers mois et le support horizontal de 4,19-4,20 dollars (les points bas des séances des 6, 7, 8 et 9 avril), un double signal négatif. Les jours qui suivent, le seuil de 4,19-4,20 dollars, enfoncé, s'est transformé en résistance et joue son rôle d'obstacle. Un fort mouvement baissier s'amorce, au cours duquel la moyenne mobile exponentielle à 13 jours joue son rôle de résistance baissière. Le 4 mai, l'enfoncement du support horizontal majeur de 3,79 dollars (points bas des 11 décembre et 29 janvier) envoie un signal négatif. Le 6 mai, le cours forme un marteau. Il initie un rebond de plusieurs séances, qui finit par caler sur le double obstacle formé par la résistance horizontale de 3,79 dollars et la moyenne mobile exponentielle à 13 jours.

NVIDIA Corporation, United States, D, NASDAQ · O 838.18 H 883.31 B 833.87 C 877.35
EMA (13, close, 0) · 841.2017
Market Closed
4.90
4.80
4.70
4.60
4.50
4.40
4.30
4.19
4.10
4.00
3.90
3.79
3.70
3.60
3.50
3.40
3.30
3.19
3.10
Investing.com
Déc
15
2010
Févr
Mars
15
Avr
16
Mai
17

L'ÉTOILE DU MATIN

Une étoile du matin est une configuration de retournement à la hausse formée de trois chandeliers japonais. Le premier chandelier a un long corps vrai noir. Après un *gap* baissier, une deuxième bougie (dont le corps vrai est de taille plus réduite) est formée. Le troisième chandelier a un corps vrai blanc assez significatif et clôture nettement à l'intérieur du corps vrai noir du premier chandelier. Il existe une variante de l'étoile du matin : l'étoile du matin doji (une étoile du matin où le deuxième chandelier est un doji, c'est-à-dire une bougie dont les cours d'ouverture et de clôture sont identiques ou presque).

L'action Nvidia a dessiné entre les 16 et 18 mai 2011 une étoile du matin doji. Un chandelier japonais au long corps vrai noir est formé le 16 mai. Le lendemain, un *gap* baissier se forme. Le deuxième chandelier clôture au même niveau que le cours d'ouverture (dans le cas général d'une étoile du matin classique, les cours d'ouverture et de clôture n'auraient pas été identiques, mais néanmoins assez peu éloignés l'un de l'autre). Le 18 mai, un troisième chandelier, haussier (avec un assez long corps vrai blanc), clôture nettement à l'intérieur du long corps vrai noir du chandelier du 16 mai. Sans surprise, un mouvement haussier s'amorce. Il prend fin le 31 mai, avec l'apparition d'un pendu. Le retournement à la baisse est confirmé le lendemain, avec un chandelier baissier au long corps vrai noir. La rupture de la zone de support horizontale de 4,21-4,33 dollars (qui correspond entre autres au point bas majeur d'avril) conforte le mouvement baissier. La formation, le 19 août, d'un marteau inversé favorise un retournement à la hausse et le cours progresse sur les séances suivantes. La prudence reste néanmoins de mise, puisqu'à ce stade, le cours reste inscrit dans un canal baissier (passant par les pics et creux inscrits depuis le 31 mai). Le 7 septembre, l'action s'en extrait toutefois par le haut, de façon nette et en clôture de séance : un signal encourageant.

NVIDIA Corporation, United States, D, NASDAQ
O 838.18 H 883.31 B 833.87 C 877.35
Market Closed
5.20
5.00
4.80
4.60
4.40
4.33
4.25
4.21
4.00
3.82
3.60
3.40
3.20
3.00
2.80
14
Mai
13
Juin
14
Juill
15
Août
12
Sept
Investing.com

L'ÉTOILE DU SOIR

L'étoile du soir, figure miroir de l'étoile du matin, est une configuration de retournement à la baisse formée de trois chandeliers japonais. Le premier chandelier, haussier, a un long corps vrai blanc. Survient alors un *gap* haussier. Une deuxième bougie (dont le corps vrai est de taille plus réduite) est formée. Le troisième chandelier a un corps vrai noir assez important et qui doit nettement pénétrer le corps vrai blanc du premier chandelier. Il existe une variante de l'étoile du soir : l'étoile du soir doji (une étoile du soir où le deuxième chandelier est un doji : une bougie dont les cours d'ouverture et de clôture sont identiques ou presque).

L'action Nvidia a dessiné entre le 30 novembre et le 4 décembre 2018 une étoile du soir, après le mouvement haussier initié le 20 novembre. Le 30 novembre, l'action signe un chandelier japonais au long corps vrai blanc. La séance suivante (le 3 décembre) ouvre sur un *gap* haussier. Une bougie dotée d'un corps vrai de taille plus modeste se forme. La séance du 4 décembre voit un retour en force des vendeurs : un chandelier baissier au long corps vrai noir pénètre largement le long chandelier blanc initial. La configuration en étoile du soir est finalisée. L'action chute, puis se reprend en janvier et février. Elle envoie le 13 mars un signal haussier en débordant en clôture de séance la résistance horizontale de 41,32 dollars (le point haut du 25 février) tout en s'extrayant par le haut des bandes de Bollinger, qui s'étaient récemment resserrées. Le lendemain, on assiste à des prises de bénéfices, mais l'obstacle de 41,32 dollars, désormais franchi, joue alors parfaitement son nouveau rôle de support. Le mouvement haussier se développe puis prend fin le 26 avril, quand le cours enfonce sa moyenne mobile à 20 jours et la borne basse des bandes de Bollinger et valide une figure de retournement à la baisse en double sommet. En mai, une configuration plus large de retournement à la baisse en tête et épaules envoie un nouveau signal négatif.

NVIDIA Corporation, United States, D, NASDAQ
O 838.18 H 883.31 B 833.87 C 877.35
BB (20, 2)   855.6635 930.7233 780.6037
Market Closed
64.00
62.00
60.00
58.00
56.00
54.00
52.00
50.00
48.68
48.22
45.79
44.00
42.91
42.00
41.33
40.00
38.77
38.00
37.13
36.00
34.00
32.00
30.00
D
D
Investing.com
Déc
2019
Févr
Mars
Avr
Mai
16

LE BÉBÉ ABANDONNÉ

Un bébé abandonné est une figure de retournement formée d'un seul chandelier : un doji (une bougie dont les cours d'ouverture et de clôture sont identiques) – ou un quasi-doji (les cours d'ouverture et de clôture sont très proches) – séparé du chandelier précédent et du chandelier suivant par deux *gaps* : l'un haussier et l'autre baissier. Si le premier *gap* est haussier et le second baissier, le retournement se fait à la baisse. Si le premier *gap* est baissier et le second haussier, le retournement se fait à la hausse. Le bébé abandonné est très proche de la figure de l'île de renversement (ou *island reversal*). La différence est que dans le cas du bébé abandonné, un seul chandelier sépare les deux *gaps* et il s'agit d'un doji (ou quasi-doji).

Le CAC 40 a dessiné entre les 14 et 18 septembre 2023 un bébé abandonné ayant constitué un sommet de marché majeur, suivi d'un mouvement baissier significatif. Le CAC 40 signe le 14 septembre un chandelier au long corps vrai blanc. Le lendemain, un impressionnant *gap* haussier est ouvert et une étoile filante (quasi-)doji se forme. À partir de là, l'action inverse la vapeur (les vendeurs donnent de la voix). Le 18 septembre, après un *gap* baissier, un chandelier au long corps vrai noir se forme. Les deux séances qui suivent, les acheteurs tentent de reprendre la main, mais l'action cale net sur le *gap* baissier récent, puis plonge. Le CAC 40 enfonce le support horizontal de 7 164 points (niveau du cours de clôture du 18 août, un point bas majeur), qui se transforme alors en obstacle à la hausse (il jouera bien son rôle jusqu'au 12 octobre). Les moyennes mobiles à 20 et 23 jours jouent bien leur rôle de résistances baissières, puis, une fois débordées, ont rempli leur nouveau rôle de support dynamique. Début novembre, une figure de retournement à la hausse en double creux a été validée. Après un long rally haussier puis une correction baissière, une nouvelle configuration en bébé abandonné (positive, cette fois-ci) relance le mouvement haussier.

CAC 40, France, D, Paris
O 8072.23 H 8114.63 B 8024.62 C 8088.24
MA (23, close, 0)   8079.9703
MA (20, close, 0)   8064.9079
Market Closed
Investing.com
7800.00
7750.00
7700.00
7650.00
7589.96
7550.00
7485.40
7479.55
7434.74
7400.00
7353.56
7300.00
7250.00
7200.00
7164.71
7100.00
7050.00
7000.00
6950.00
6927.81
6900.00
6850.00
6800.00
6750.00
uill
Août
Sept
Oct
Nov
Déc
2024
Févr

TROIS MÉTHODES DESCENDANTES

La configuration de chandeliers japonais dite en « trois méthodes descendantes » (*falling three methods*) est une structure de continuation baissière apparaissant dans le cadre d'une tendance descendante des cours. Alors que l'actif financier est engagé dans un mouvement baissier, un premier long chandelier noir apparaît, ce qui signifie que sur la période qu'il représente (comme une séance de Bourse), le cours de clôture ressort très inférieur au niveau d'ouverture. Un signe de force des vendeurs.

Ce long chandelier noir est néanmoins suivi de plusieurs petits chandeliers (idéalement trois, en théorie, mais ça peut être moins ou plus) croissants, généralement blancs (mais ce n'est pas une règle impérative). Les corps vrais de ces petits chandeliers sont censés être compris dans l'intervalle de cours du premier long chandelier noir. Suit alors un second long chandelier noir, dont le cours de clôture est inscrit plus bas que le niveau de clôture du premier long chandelier noir. Le cours est alors censé poursuivre sa décrue.

L'action Casino-Guichard a dessiné, en mai 2020, un exemple de configuration en « trois méthodes descendantes ». Le cours de Bourse du distributeur réalise un long chandelier noir le 13 mai, puis, après un petit trou de cotation (*gap*) baissier, un autre long chandelier noir le lendemain. À ce stade, la tendance des dernières semaines, marquée par des pics et creux descendants, est défavorable. Après le long chandelier noir du 14 mai (le premier de la configuration en « trois méthodes descendantes ») apparaissent deux petits chandeliers blancs, dont la clôture de séance du second est inférieure au point haut du long chandelier noir. Survient alors un second long chandelier noir, avec une clôture inférieure à celle du premier. La baisse des cours se poursuit alors.

B 0.49 C 0.49
48.00
47.00
46.00
45.00
44.00
43.00
42.00
41.00
40.00
39.00
38.00
37.00
36.00
35.00
34.00
33.00
32.08
31.00
30.00
29.00
28.00
27.00
lars
17
Avr
Mai

TROIS MÉTHODES ASCENDANTES

La configuration de chandeliers japonais dite en « trois méthodes ascendantes » (*rising three methods*) est une structure de continuation haussière apparaissant dans le cadre d'une tendance ascendante des cours. C'est la configuration miroir de celle en « trois méthodes descendantes ». Alors que l'actif financier est engagé dans un mouvement haussier, le cours dessine un long chandelier blanc, puis reprend son souffle avec plusieurs petits chandeliers (idéalement trois, en théorie, mais ça peut être moins ou plus) décroissants, qui s'inscrivent tous dans l'intervalle de fluctuation des cours du long chandelier blanc. Les corps vrais de ces petits chandeliers sont le plus souvent noirs. Suit un second long chandelier blanc, dont le niveau de clôture est supérieur à celui du premier long chandelier blanc et dont le niveau d'ouverture est censé être supérieur au niveau de clôture du petit chandelier qui précède. La configuration en « trois méthodes ascendantes » est alors validée et le cours est censé poursuivre son mouvement haussier.

L'action de la société pétrolière Maurel & Prom a dessiné en février 2024 une configuration en « trois méthodes ascendantes ». À partir du 8 février, la valeur rebondit depuis la zone de support horizontale de 5,09-5,15 euros, constituée entre autres des derniers creux majeurs inscrits par le cours de Bourse. Après plusieurs séances de hausse, l'action dessine un premier long chandelier blanc le 12 février, puis reprend sa respiration sur les deux séances qui suivent, avec l'inscription de deux petits chandeliers noirs, chacun étant inscrit dans l'intervalle de fluctuation du chandelier blanc. Le 15 février, le cours débute la séance au-dessus du niveau de clôture du dernier petit chandelier noir et signe sur la journée un second long chandelier blanc, dont la clôture se fait au-delà de celle du premier long chandelier blanc. La hausse est en théorie censée se poursuivre.

En cas de franchissement de la zone de résistance horizontale de 5,77-5,78 euros (point de passage du pic du 29 janvier, notamment), une configuration en « double creux » serait validée et l'action devrait dans ce cas se hisser vers la zone d'obstacles de 6,30-6,34 euros. Inversement, l'action enverrait un signal d'alerte négatif en cas d'enfoncement (en clôture de séance) de la zone de support de 5,09-5,15 euros, qui se recoupe avec la borne basse des bandes de Bollinger (jauge de la volatilité des cours), actuellement resserrées.

LE DOUBLE CREUX

Un double creux (creux en W ou *double bottom*) est une configuration de retournement à la hausse après une tendance baissière. Après l'inscription d'un premier creux, le cours remonte et forme un pic, avant de redescendre jusqu'au niveau du premier creux (ou presque), sans l'enfoncer de façon nette et en clôture. Si le cours remonte ensuite jusqu'au niveau du dernier pic puis le déborde (de façon nette et en clôture), la configuration en double creux est validée. À ce stade, un éventuel bref « mouvement retour » (*pull back*) – repli temporaire vers le support horizontal constitué désormais par le pic central du double creux – n'est pas exclu, mais un mouvement haussier est censé assez vite s'imposer. Un objectif de cours minimum peut être déterminé en mesurant la distance séparant les deux creux du pic intermédiaire, puis en reportant vers le haut ce segment à partir de ce sommet.

Air Liquide a dessiné en octobre 2022 une configuration en double creux. Après avoir inscrit un creux le 22 septembre, à 114,68 euros, l'action a rebondi, pour inscrire un pic le 4 octobre. Elle est ensuite retombée le 13 octobre à un point bas de 114,44 euros, proche du niveau du premier creux. Le 24 octobre, le pic du 4 octobre est débordé en clôture. Et de belle manière. L'action fuse à la hausse dès le lendemain, en ouvrant un important *gap*, et atteint déjà l'objectif de cours minimum ! Après une correction baissière initiée le 25 novembre, l'action se stabilise à partir de mi-décembre, avant de déborder (en clôture de séance) le 2 janvier la moyenne mobile exponentielle à 13 jours (la courbe descendante, qui avait jusqu'alors bien joué son rôle de résistance baissière) puis de valider un nouveau double creux le 4 janvier, coup d'envoi d'un mouvement haussier. Le 10 février, l'action prend appui sur le double support constitué par le soutien horizontal de 142,12 euros (pic du 25 novembre) et l'oblique haussière passant par les creux du 13 octobre et du 30 décembre.

Air Liquide SA, France, D, Paris
O 185.82 H 187.92 B 185.04 C 187.76
EMA (13, close, 0)   188.1189
Market Closed
156.00
154.00
152.00
150.00
149.07
148.84
146.00
144.00
142.11
140.00
138.00
136.14
134.00
131.87
130.00
128.00
126.00
124.00
122.91
122.00
120.00
118.00
116.00
114.71
114.00
Investing.com
Sept
Oct
Nov
Déc
2023
Févr
Mars

LE DOUBLE SOMMET

Un double sommet (sommet en M ou *double top*) est une configuration de retournement à la baisse intervenant après une tendance haussière. Le cours inscrit un premier sommet, puis rechute pour former un creux, avant de remonter. La hausse cale toutefois au niveau du premier sommet (ou à peu près), le cours ne parvenant pas à le déborder (de façon nette et en clôture de séance). S'amorce alors une rechute. Quand le cours enfonce (de façon nette et en clôture, souvent avec un bond des volumes de transactions) le creux intermédiaire séparant les deux sommets, la configuration en double sommet est validée, avec un signal baissier à la clé. Un éventuel bref « mouvement retour » (*pull back)* – rebond temporaire vers la résistance horizontale constituée désormais par le creux central du double sommet – n'est pas exclu, mais un mouvement baissier est censé assez vite s'imposer. Un objectif de cours minimum peut être déterminé en prenant la distance allant des deux sommets au creux intermédiaire, puis en reportant vers le bas ce segment à partir du creux.

Eurofins Scientific a validé en septembre 2021 un double sommet. Après avoir inscrit le 21 septembre un pic à peu près au même niveau que le premier (celui du 9 septembre), le cours enfonce le 27 septembre le creux intermédiaire du 14 septembre, de façon nette, en clôture de séance et avec une explosion des volumes de transactions. L'écartement des bandes de Bollinger traduit un retour de la volatilité et conforte le scénario baissier induit par la validation du double sommet. L'action chute puis réussit à se stabiliser sur le support constitué par l'ex-*gap* de rupture ouvert entre les 4 et 5 août (trou de cotation créé suite à la sortie d'un drapeau, le canal baissier formé après un net mouvement ascendant). Un double creux est validé le 13 octobre. Le cours parvient à atteindre l'objectif de cours minimum dès le 20 octobre, avant de refluer. La tentative de rebond a calé le 3 novembre sur la moyenne mobile à 20 jours.

Eurofins Scientific SE, France, D, Paris · O 59.70 H 59.84 B 58.86 C 59.52
BB (20, 2) · 59.0000 62.2513 55.7487
Market Closed
Investing.com
Volume (20) · 265.888K 322.754K
140.00
136.00
132.00
127.57
124.00
120.00
118.70
116.03
112.00
108.58
104.02
101.83
100.00
96.00
92.00
90.84
87.63
84.00
80.00
2.5M
2M
1.5M
1M
418.279K
322.704K
Juill
Août
Sept
Oct
Nov
Déc
2022

LE TRIPLE CREUX
(LE CREUX EN TROIS RIVIÈRES)

Un triple creux (*triple bottom*) est une configuration de retournement à la hausse survenant après une tendance baissière. Le cours inscrit un premier creux, puis remonte pour former un premier pic, avant de retomber au niveau du premier creux (ou presque), pour en inscrire un deuxième. Il remonte ensuite pour former un deuxième pic. Le cours retombe alors pour former un troisième et dernier creux, inscrit au niveau des deux premiers (ou quasiment). Le cours remonte et finit par franchir la ligne reliant les deux pics intermédiaires (de façon nette et en clôture, et souvent avec un bond des volumes de transactions), validant ainsi un triple creux, avec un signal d'achat à la clé. Un bref mouvement retour (*pull back*) vers la ligne (reliant les deux pics) n'est pas exclu, mais un mouvement haussier est censé assez vite s'imposer. Un objectif de cours théorique minimum est déterminé en reportant la distance entre le deuxième creux et la ligne (reliant les deux pics), à partir du point de franchissement de cette dernière, vers le haut.

Pernod Ricard a dessiné en octobre 2023 un triple creux en inscrivant trois points bas à peu près au même niveau (la zone horizontale de 156,35-157,10 euros, constituée des différents points bas notables inscrits en séance ou en cours de clôture) puis en remontant le 19 octobre au-delà de la ligne reliant les deux pics intermédiaires. Un signal haussier (validé en clôture de séance) très net, avec un long chandelier blanc marqué dans des volumes de transactions étoffés. L'objectif minimum est atteint dès cette séance. L'action poursuit sur sa lancée, mais finit par valider dès le 27 novembre une configuration baissière en tête et épaules. Le cours plonge, puis se stabilise et valide un petit double creux. Néanmoins, le rebond qui suit tourne court. Un sommet majeur est inscrit dès le 15 décembre. Jusqu'à la fin du mois, l'action va par la suite échouer à déborder l'oblique baissière reliant les pics du 9 novembre et du 15 décembre.

Pernod Ricard SA, France, D, Paris - O 142.85 H 145.00 B 142.00 C 145.00
Market Closed
192.00
188.00
184.00
180.00
176.00
172.00
168.00
164.00
161.69
160.00
157.13
156.51
152.00
148.00
144.00
141.80
140.00
136.00
D
Investing.com
Sept
Oct
Nov
Déc
2024
Févr
Mars
Avr

LE TRIPLE SOMMET (LE SOMMET EN TROIS MONTAGNES OU LE SOMMET EN TROIS VAGUES MONTANTES)

Un triple sommet (ou *triple top*) est la configuration miroir du triple creux. C'est une figure de retournement à la baisse survenant après une tendance haussière. Le cours forme trois pics successifs, inscrits au même niveau (ou à peu près). Quand le cours enfonce (de façon nette et en clôture) la ligne droite reliant les deux creux séparant les trois sommets, la figure en triple sommet est validée : on a alors un signal de vente. À ce stade, un bref mouvement retour (*pull back*) vers la ligne droite peut survenir, mais le cours est censé assez vite prendre le chemin de la baisse. Un objectif de cours théorique minimum peut être déterminé en reportant la hauteur (à partir de la ligne droite) du deuxième sommet (le pic central) à partir du point de rupture de la ligne droite, vers le bas.

Après un début d'année 2023 en fanfare, l'action Kering a vu son rally caler à trois reprises dans la zone de 600 euros, entre début février et début avril, période où trois sommets successifs sont ainsi formés à peu près au même niveau. Des pics séparés par deux creux situés vers 535 euros. Le 23 mai, l'action pulvérise, avec un chandelier au long corps vrai noir, ce soutien horizontal clé, validant ainsi le triple sommet. Dès le lendemain, l'action accélère sa chute, avec l'ouverture d'un *gap* baissier. Le cours entame alors une longue descente aux enfers. Début 2024, une figure de continuation baissière en drapeau (*bear flag*) est même validée, suite à l'extraction par le bas d'un canal haussier. Après un plongeon sans surprise, l'action finit par envoyer un double signal positif en validant une figure de retournement à la hausse en tête et épaules inversée (ETEI) et en s'extrayant par le haut d'un long canal baissier. Malheureusement, le rally qui suit finit par caler sur la moyenne mobile exponentielle à 200 jours et la moyenne mobile à 200 jours, qui jouent très bien leur rôle de résistances baissières dynamiques. Après la validation d'une figure de retournement à la baisse en double sommet (*double top*), le cours plonge.

Kering SA, France, D, Paris
O 330.00 H 334.30 B 328.65 C 331.10
MA (200, close, 0)   413.6753
EMA (200, close, 0)   410.4673
Market Closed
620.00
599.93
598.54
598.54
580.00
560.00
540.00
535.83
520.00
500.00
480.00
460.00
437.20
431.70
427.80
403.01
389.33
380.00
362.80
340.00
D
Investing.com
2023   Mars   Mai   Juill   Sept   Nov   2024   Mars

LE CREUX EN V

Le creux en V (*V bottom*) est une configuration de retournement à la hausse rapide. Lors de la formation de cette figure en forme de V, la panique des investisseurs fait vite place au retour en force des acheteurs, sans transition ni signe avant-coureur (si ce n'est une situation de survente laissant espérer un prochain rebond technique). Après une tendance baissière marquée, le cours inverse rapidement la vapeur et repart brutalement dans le sens opposé, marquant ainsi un changement notable dans les anticipations des investisseurs. Si la contre-attaque haussière se fait dans des volumes de transactions étoffés, c'est un indice supplémentaire de formation en V. Après un creux en V apparent, un investisseur voulant acheter peut éventuellement optimiser son point d'entrée, en n'achetant qu'une fois franchi le dernier pic du mouvement baissier, ou seulement sur franchissement d'une moyenne mobile pertinente ou d'une ligne de tendance baissière.

Imerys a dessiné pendant l'automne 2020 un creux en V spectaculaire. L'action du géant minier français, largement survendue le 29 octobre (comme le montre l'indicateur mathématique RSI, qui ressort alors à seulement 19 !), inscrit alors un point bas majeur. Le 2 novembre, Imerys ouvre un *gap* (trou de cotation noté par un petit rectangle sur le graphique) haussier, premier signal positif notable. Un investisseur agressif peut dès ce moment-là envisager d'acheter l'action. Un investisseur plus prudent peut quant à lui attendre des signes plus tangibles de fin de mouvement baissier, comme lors de la séance du 9 novembre. Ce jour-là, le cours ouvre un second *gap* haussier (noté par un second petit rectangle) et déborde l'obstacle horizontal de 28,46-28,72 euros (correspondant à l'ex-*gap* de rupture baissier ouvert entre les 23 et 26 octobre, quand l'action avait enfoncé le point bas du 15 juin) et les moyennes mobiles à 20 et 23 jours, qui avaient bien rempli jusqu'alors leur rôle de résistances baissières.

Imerys SA, France, D, Paris   O29.34 H29.70 B29.16 C29.66
BB (20, 2)   30.4860 32.0363 28.9357
MA (23, close, 0)   30.4270
Market Closed
40.00
39.04
38.52
38.28
36.92
36.68
35.98
35.61
34.80
34.00
33.15
32.00
30.00
28.72
28.46
26.00
24.00
Investing.com
Volume (20)   47.079K 82.228K
400K
300K
200K
105.906K
34.3K
Juin   Juill   Août   Sept   Oct   Nov   Déc

LE SOMMET EN V

Un sommet en V (*V top*) est le pendant du creux en V. Le sentiment d'euphorie s'estompe brutalement, avec un retour en force rapide des vendeurs. Après une tendance haussière marquée, le cours inverse vite la vapeur, sans transition ni signe avant-coureur (si ce n'est une situation de surachat), avec un changement spectaculaire des anticipations des investisseurs à la clé. Si la contre-attaque des vendeurs se fait sur fond de gros volumes de transactions, cela conforte un scénario baissier. Une fois un sommet en V identifié, un investisseur désireux de passer à la vente (ou à la vente à découvert) peut chercher à optimiser son niveau de vente, en ne passant sa transaction qu'une fois le dernier creux du mouvement haussier enfoncé, ou en cas de rupture d'une moyenne mobile pertinente ou d'une ligne de tendance ascendante.

Deutsche Telekom a dessiné en février 2020, au début du krach du Covid-19, un sommet en V. Dans cet exemple, plusieurs niveaux étaient envisageables, pour passer à la vente : à la clôture de séance du 27 février (suite à l'enfoncement de la moyenne mobile exponentielle à 13 jours, de la moyenne mobile à 20 jours et de la borne haute de l'ex-*gap* haussier ouvert entre les 10 et 11 février), à celle du 28 février (suite à l'ouverture d'un *gap* baissier ainsi qu'à l'enfoncement du support horizontal majeur de 14,96 euros et de la borne basse de l'ex-*gap* ouvert entre les 10 et 11 février) ou encore à celle du 9 mars (ouverture d'un *gap* baissier et enfoncement net du support horizontal majeur de 14,44-14,46 euros). La baisse qui a suivi, spectaculaire, a pris fin le 16 mars avec la formation d'une configuration de retournement à la hausse en marteau. On pouvait alors envisager de passer à l'achat, ou, pour un investisseur plus prudent, en avril, quand l'action s'est hissée au-delà de la résistance horizontale de 12,18-12,21 euros et était portée par les deux moyennes mobiles, transformées en supports haussiers.

Deutsche Telekom AG Na, Germany, D, Xetra (CFD)   O 20.950 H 21.220 B 20.930 C 21.160
BB (20, 2)   21.8027 22.9750 20.6305
EMA (13, close, 0)   21.4320
Market Closed
18.500
18.000
17.500
17.000
16.500
16.000
15.500
15.005
14.964
14.870
14.463
14.229
13.929
13.500
12.987
12.500
12.211
12.000
11.500
11.000
10.500
10.000
9.500
Investing.com
2020
16
Févr
17
Mars
16
Avr
17
Mai
18
Juin

LE ROUNDING BOTTOM (LE CREUX EN U)

Le creux en U, aussi connu sous le nom de soucoupe (*saucer*) ou de creux arrondi (*rounding bottom*), se dessine souvent lors de retournements de tendance majeurs, sur plusieurs mois, plusieurs trimestres ou même plusieurs années. C'est une figure de retournement à la hausse assez rare mais puissante. Après une tendance baissière, le mouvement baissier ralentit lentement, peu à peu, s'arrondit, s'aplatit. Le cours finit par amorcer timidement une reprise, qui s'accélère progressivement. On obtient une trajectoire en forme de U. Il n'y a pas de *timing* précis marquant la validation du creux en U. Et il n'y a pas d'objectif de cours minimum associé. Si un creux en U est une configuration de retournement à la hausse, il peut parfois faire office de figure de continuation (après une tendance haussière, le cours corrige à la baisse, un U se forme, puis le mouvement ascendant reprend).

L'action Alstom a dessiné entre octobre 2023 et avril 2024 un vaste creux en U. Après un plongeon spectaculaire initial (avec *gap* – trou de cotation entre les séances de Bourse des 4 et 5 octobre – baissier massif), le cours a progressivement ralenti sa chute puis s'est stabilisé pendant de longs mois. Quand le cours s'extrait par le haut, le 18 mars, d'une large configuration en triangle ascendant (avec une borne haute horizontale bien dessinée, à 12,51 euros, et une borne basse constituée par l'oblique haussière reliant les trois creux majeurs des 3 et 19 janvier et du 14 février), un premier signal d'achat majeur est envoyé. D'autant que cette sortie haussière s'accompagne d'une extraction par le haut des bandes de Bollinger (jauge de la volatilité des cours), qui s'écartent. Au cours des semaines qui suivent, la moyenne mobile à 20 jours joue bien son rôle de support haussier dynamique. De nouveaux signaux d'achat sont envoyés suite au franchissement de la résistance horizontale de 14,28 euros (les pics de novembre et mars) puis de celle de 15 euros (la borne basse du gap ouvert entre les 4 et 5 octobre).

Alstom SA, France, D, Paris
O14.85 H15.10 B14.70 C15.10
BB (20, 2)   14.1333 15.3181 12.9484
Market Closed
30.00
28.00
26.00
24.00
22.00
21.20
20.00
18.00
16.00
15.32
15.10
15.00
14.27
14.13
12.95
12.51
10.00
8.00
6.00
Oct
Nov
Déc
2024
Févr
Mars
Avr
Investing.com

LE ROUNDING TOP
(LE SOMMET EN U INVERSÉ)

Le sommet en U inversé, aussi connu sous le nom de soucoupe renversée, de sommet arrondi (*rounding top*) ou de configuration en n, est la configuration miroir du creux en U. Il se dessine le plus souvent à l'occasion de tournants de marché majeurs. À l'instar du creux en U, il n'y a pas de *timing* précis marquant la validation du sommet en U inversé. Après une tendance haussière, le mouvement ascendant ralentit progressivement, s'arrondit puis s'aplatit. Le cours prend ensuite peu à peu le chemin de la baisse. La chute s'accélère progressivement. On obtient une trajectoire en forme de U inversé.

Engie a dessiné à l'automne 2022 un sommet en U inversé. Après une ascension quasi-verticale à partir de mi-octobre, le rally observé sur le cours marque nettement le pas fin novembre. Le 15 décembre, le cours envoie un signal baissier clair, du fait de la rupture du support horizontal de 14,25 euros, du renversement à la baisse de la moyenne mobile à 20 jours et de l'enfoncement de la borne basse des bandes de Bollinger (qui s'écartent après un net resserrement, marquant ainsi un retour de la volatilité). Le mouvement baissier qui suit dure jusqu'au 18 janvier. Le cours finit toutefois par envoyer un signal plus encourageant début février, avec le franchissement de la moyenne mobile à 20 jours (qui a jusqu'alors parfaitement joué son rôle de résistance descendante) puis de l'oblique baissière reliant les pics des 13 décembre et 3 et 26 janvier. Les vendeurs contre-attaquent mais l'action entame une reprise, qui s'accélère brutalement le 21 février. L'action cale toutefois sur le seuil graphique de 14,25 euros déjà mentionné (un ex-support devenu obstacle à la hausse des cours), une résistance horizontale qu'elle ne parvient pas à franchir en clôture de séance. Ce jour-là, un pendu, configuration de retournement à la baisse, se forme. La correction baissière qui suit est enrayée par la moyenne mobile à 20 jours, qui remplit son rôle de support haussier et fait rebondir l'action.

Engie SA, France, D, Paris ⊟ O15.84 H15.95 B15.73 C15.93
BB (20, 2) 15.6242 15.9271 15.3214
Market Closed
16.50
16.00
15.73
15.50
14.95
14.81
14.50
14.25
14.18
14.00
13.50
13.00
12.50
12.00
11.50
11.00
D
Investing.com
Oct
Nov
Déc
2023
Févr
Mars
Avr
Mai

L'ÎLE DE RENVERSEMENT

Une île de renversement (*island reversal*) est une configuration de retournement comportant deux *gaps* de sens opposés. Après une tendance haussière, le cours ouvre un *gap* ascendant. Suivent une ou plusieurs séances de cotation, pendant lesquelles l'actif financier ne comble pas ce *gap* haussier. L'ouverture d'un second *gap*, baissier celui-ci, valide alors la configuration en île de renversement. Le cours est censé à ce stade subir de nouvelles pressions baissières. Une île de renversement peut toutefois aussi être observée après une tendance baissière : après un *gap* baissier puis un *gap* haussier, le cours est censé repartir de l'avant.

Prenons l'exemple de l'action Renault, qui, après un rally marqué pendant la première quinzaine de février 2024, s'est retournée à la baisse. Après des comptes 2023 et des perspectives très encourageants, l'action ouvre le 15 février un *gap* haussier et dessine un long chandelier blanc dans des volumes de transactions étoffés, sans toutefois parvenir à déborder (en clôture de séance) la résistance horizontale majeure de 40,15 euros (soit le niveau du sommet majeur de mi-décembre 2023). Le lendemain, le corps vrai d'un long chandelier noir englobe le corps vrai blanc du chandelier du 15 février. On a à ce stade un avalement baissier (une configuration négative explicitée ailleurs dans cet ouvrage) de mauvais augure.

Pire, un second *gap* – baissier celui-ci – se forme entre le 19 et le 20 février. Une configuration baissière en île de renversement est alors validée. Dans la foulée, la *tenkan* (élément du système d'investissement Ichimoku) et la moyenne mobile à 7 jours, qui avaient très bien joué le rôle de support haussier pendant la première quinzaine de février, sont enfoncées. On peut alors redouter de nouvelles pressions vendeuses avec le risque d'un retour de l'action vers les supports de 35,97-36,03 euros et 35,33-35,40 euros, qui correspondent notamment à d'importants niveaux de polarité.

Renault SA, France, D, Paris
O 36.65 H 37.29 B 36.31 C 37.13
MA (7, close, 0) 37.8764
Investing.com
Volume (20) 501.688K 1.337M
41.00
40.15
39.00
37.88
37.13
36.01
35.37
35.00
34.00
33.00
32.00
31.00
2M
1.337M
501.688
0
Sept
2024

LE SOMMET EN TOUR

Un sommet en tour est une configuration de retournement à la baisse formée par plusieurs chandeliers japonais, qui dessinent une structure en forme de tour (avec une poussée haussière verticale ou presque au début et une chute tout aussi abrupte à la fin). Dans le cadre d'une tendance haussière, le cours dessine un long chandelier haussier (ou plusieurs chandeliers traduisant une avancée très rapide du cours), puis le mouvement haussier marque rapidement le pas. Le cours évolue globalement à plat pendant les chandeliers suivants, avant d'amorcer une rechute. L'apparition d'un long chandelier baissier (ou de plusieurs chandeliers traduisant une chute très rapide du cours) valide alors le sommet en tour. On a alors un signal de vente. Le mouvement baissier est censé se poursuivre.

Eurofins Scientific a dessiné fin 2023 et début 2024 un sommet en tour. Le long chandelier blanc du 19 décembre est suivi d'un mouvement haussier très ralenti sur les séances suivantes. Le 3 janvier, les vendeurs contre-attaquent de façon spectaculaire. Un long chandelier noir se forme, validant ainsi un sommet en tour. Un signal de vente est alors envoyé, avec un excellent *timing*, au vu de la décrue qui suit. Le cours envoie un signal plus encourageant le 15 février, avec le franchissement de la résistance horizontale de 55,12 euros et de la moyenne mobile à 20 jours. Un signal positif conforté le lendemain par l'extraction par le haut du canal baissier des dernières semaines. L'action remonte puis rechute toutefois lourdement le 27 février. Un choc baissier néanmoins enrayé par le support majeur de 51,32-51,40 euros, qui correspond à un seuil graphique horizontal ayant fait office de support ou de résistance de nombreuses fois en octobre et en novembre. Le 28 mars, un signal positif est envoyé par le franchissement de la résistance horizontale de 58,78 euros. En avril, la tendance apparaît positive, l'action, inscrite au sein d'un canal haussier, étant portée par la moyenne mobile à 20 jours.

Eurofins Scientific SE, France, D, Paris   O 59.70 H 59.84 B 58.86 C 59.52
MA (20, close, 0)   59.0000
Market Closed
64.00
63.00
62.00
61.00
60.13
59.52
59.00
58.78
58.00
57.00
56.00
55.11
54.00
53.00
52.00
51.36
51.00
50.00
49.00
48.00
47.00
46.00
45.00
44.00
Investing.com
Oct
Nov
Déc
2024
Févr
Mars
Avr
19

LE CREUX EN TOUR

Un creux en tour est une figure de retournement à la hausse en forme de tour renversée (avec un plongeon vertical ou quasi-vertical au début et une remontée rapide à la fin) et constituée de plusieurs chandeliers. Après une tendance baissière, le cours dessine un long chandelier baissier (ou plusieurs marquant une chute abrupte des cours), puis la baisse ralentit, le cours évolue à plat au cours des chandeliers suivants, avant d'amorcer une vive remontée : la formation d'un (ou plusieurs) long(s) chandelier(s) haussier(s) achève alors le creux en tour et envoie un signal d'achat.

Le cours du pétrole a formé en février 2018 un creux en tour. Après une tendance haussière en début d'hiver 2017-2018, le rally s'essouffle puis le cours valide le 5 février une figure de retournement à la baisse en tête et épaules. Le pétrole chute rapidement. Le 9 février, un chandelier au long corps vrai noir est formé. Le prix du pétrole tend toutefois à se stabiliser au cours des séances suivantes, avant de dessiner le 14 février un chandelier au long corps vrai blanc. Un creux en tour est formé, avec un signal d'achat à la clé. Le mouvement haussier se prolonge.

Au cours des semaines suivantes, le cours forme une configuration pouvant s'apparenter à un triangle, avec une oblique haussière reliant de nombreux points bas et une oblique baissière reliant de nombreux prix remarquables (des pics ou points hauts de séance, mais aussi des cours de clôture ou d'ouverture). Le 16 mars, le cours s'extrait par le haut du triangle et envoie un nouveau signal d'achat. Un important rally haussier s'engage. La moyenne mobile à 23 jours joue à plusieurs reprises son rôle de support haussier, avant d'être enfoncée le 25 mai. Un signal négatif conforté par l'extraction par le bas d'un canal haussier. Le cours chute puis tente un rebond, qui avorte toutefois sur la borne basse du canal haussier (transformée en résistance). De même, la moyenne mobile à 23 jours joue par la suite son rôle d'obstacle à la hausse.

Brent Oil Futures, D, (CFD)
O 83.94 H 84.39 B 82.81 C 82.83
MA (23, close, 0)   88.3304
Market Closed
82.00
81.00
80.00
79.00
78.00
76.86
76.00
75.34
75.00
74.00
73.00
72.00
71.00
70.00
69.00
68.00
67.00
66.00
65.00
64.00
63.00
62.00
61.00
Investing.com
16   Févr   15   Mars   15   Avr   16   Mai   15   Juin   15

LA TASSE AVEC ANSE

La « tasse avec anse » (*cup and handle* ou *cup with handle*) est une figure de continuation après une tendance haussière marquée. Le cours dessine un large U (creux arrondi ou *rounding bottom*, faisant penser à une tasse), dont le plancher doit être relativement haut par rapport au début de la tendance haussière initiale. Se forme alors un second U (faisant penser à une anse), à la fois moins large et moins haut que le premier (dont la hauteur est censée représenter au moins le double de celle du second, selon le cas d'école). Un franchissement (net et en clôture) de la ligne reliant les sommets de la tasse valide la « tasse avec anse » et envoie un signal d'achat d'envergure. Un objectif de cours minimum est déterminé en reportant la hauteur de la tasse vers le haut, à partir du point de franchissement de la ligne.

L'action Ross Stores a dessiné de janvier à novembre 2023 une tasse avec anse. La hauteur du premier U représente la moitié du long mouvement haussier initial : le creux du U est donc suffisamment haut pour une tasse avec anse. Le second U retrace un peu plus de la moitié du premier (alors que dans le cas d'école – dont les conditions sont rarement toutes respectées en pratique – le retracement est limité à 50 % maximum, comme on l'a vu). Le 7 novembre, la ligne reliant les sommets du premier U est franchie, validant ainsi la tasse avec anse, avec un signal haussier pour le moyen terme. Même si le cours a brièvement chuté le 16 novembre, il a toutefois préservé en clôture de séance la borne haute du *gap* de rupture (un support) ouvert entre les 2 et 3 novembre. En reportant la hauteur de la tasse (122-99 = 23 dollars), à partir du point de franchissement, on obtient un objectif de cours minimum à près de 145 dollars, qui est atteint en seulement trois mois. L'action envoie un premier signal négatif le 7 mars en s'extrayant par le bas d'un canal haussier puis un deuxième en cassant le support horizontal de 144,13-144,31 dollars, reliant les points bas récents.

Ross Stores Inc, États-Unis, D, NASDAQ
O 128.02 H 131.39 B 128.02 C 130.92
Market Closed
156.00
152.00
148.00
144.32
139.71
136.00
132.00
128.00
124.00
122.48
120.01
116.00
112.00
108.00
104.00
100.00
96.00
93.00
88.00
84.00
80.00
Investing.com
Nov
2023
Mars
Mai
Juill
Sept
Nov
2024
Mars

LE HARAMI HAUSSIER

Un harami (femme enceinte, en japonais) est une figure de retourne-ment formée par deux chandeliers : le premier a un corps vrai assez long (la femme) et le second a un corps vrai bien plus étroit (le bébé), englobé par le corps vrai du premier chandelier. Il s'agit d'une figure de retournement moins puissante que d'autres : il est donc conseillé d'attendre qu'un troisième chandelier conforte le scénario d'un renver-sement. Après une tendance baissière, un harami haussier est constitué d'un chandelier au long corps vrai noir englobant le corps vrai plus mo-deste (blanc, celui-ci) du second chandelier qui suit. À ce stade, les vendeurs s'inquiètent d'une remise en question du mouvement baissier. Si le troisième chandelier a un corps vrai blanc ou s'il clôture au-delà du cours d'ouverture du chandelier noir initial de la configuration, cela conforte un retournement à la hausse.

Pernod Ricard a dessiné les 20 et 23 juin 2008 un harami haussier, mais le 24, l'action a clôturé la séance de Bourse sous le point bas du chandelier noir initial, effaçant du même coup les espoirs suscités par le harami haussier, dont le message assez positif n'a pas été confirmé par un troisième chandelier favorable. Les 11 et 14 juillet, un autre harami haussier se dessine, mais là encore, le troisième chandelier n'est pas particulièrement favorable. L'action finit par se reprendre quelques jours plus tard, mais il y a eu un retard à l'allumage. Elle dessine alors un canal ascendant mais finit par s'en extraire par le bas (et enfoncer un creux majeur d'août) : au vu de la chute quasi-verticale initiée début juin, une figure de continuation en drapeau baissier est ainsi validée. Le cours effectue alors un mouvement retour (*pull back*) vers la borne basse du canal, puis repart comme prévu à la baisse. L'enfoncement des points bas du 1ᵉʳ août et du 18 septembre (support horizontal) envoie un nouveau signal baissier. Les 6 et 7 octobre, un harami haussier se forme, mais le chandelier qui suit ne confirme pas.

Pernod Ricard SA, France, D, Paris
O 141.15 H 144.65 B 140.85 C 141.25
Market Closed
72.00
70.00
68.00
66.00
64.00
62.00
60.00
58.00
55.90
54.00
52.00
50.80
49.87
48.00
46.00
44.00
42.00
40.00
38.00
36.00
34.00
Investing.com
Juin
Juill
Août
Sept
Oct
Nov
Déc

LE HARAMI BAISSIER

Un harami baissier est une figure de retournement constituée de deux chandeliers. Après une tendance haussière, il est constitué d'un chandelier au long corps vrai blanc englobant le corps vrai plus petit (noir, celui-ci) du second chandelier qui suit. Les acheteurs s'inquiètent alors d'un possible renversement du mouvement haussier. Si le troisième chandelier a un corps vrai noir ou s'il clôture en deçà du cours d'ouverture du chandelier blanc initial de la figure, cela conforte un retournement à la baisse.

L'action Nvidia a connu en 2020 un parcours sportif. En février, elle ouvre de nombreux *gaps* haussiers (annotés par des rectangles sur le graphique ci-après). Les 19 et 20 février, toutefois, un harami baissier de mauvais augure se dessine. Et malheureusement, le lendemain, un chandelier au long corps noir clôture sous le cours d'ouverture du chandelier blanc initial et enfonce même la borne basse du dernier *gap* haussier. Sans surprise, le cours plonge dès le jour suivant, avec même l'ouverture d'un *gap* baissier. Fin février, un avalement haussier permet au cours de repartir de l'avant, mais le rebond finit par prendre fin dès le 4 mars, l'action calant avec précision sur la résistance horizontale de 71,22 dollars, constituée par le point bas de la séance du 18 février. Les semaines qui suivent sont éprouvantes pour les acheteurs, mais le 18 mars, un marteau apparaît. Il favorise l'inscription d'un creux majeur puis une reprise de la hausse. Le 14 avril, le cours bute à nouveau sur l'obstacle horizontal de 71,22 dollars, avant de l'effacer le surlendemain, envoyant ainsi un nouveau signal haussier. Le 13 mai, l'action s'appuie sur le sommet d'avril (76 dollars) – une résistance horizontale qui s'est transformée en soutien une fois débordée – pour repartir à la hausse. Les mois qui suivent, la moyenne mobile à 20 jours joue systématiquement son rôle de support haussier. Et en août, la hausse s'accélère, suite à l'extraction par le haut d'un long canal haussier.

NVIDIA Corporation, United States, D, NASDAQ · O 876.60 H 892.75 B 871.12 C 887.84
MA (20, close, 0) · 850.2485
Market Closed
132.00
128.00
124.00
122.61
120.00
116.00
112.00
110.11
108.00
104.00
100.00
96.00
92.00
88.00
84.00
80.00
76.02
71.22
68.00
64.00
60.00
56.00
52.00
48.00
44.00
D
D
Investing.com
Févr   Mars   17   Avr   Mai   Juin   16   Juill   17   Août

LE SELLING CLIMAX

Le *selling climax* (« paroxysme des ventes ») est une chute verticale du cours associée à une explosion des volumes de transactions. Un mouvement associé à une très mauvaise nouvelle ou des craintes massives. C'est une phase de ventes panique, de « capitulation » de très nombreux investisseurs. Beaucoup vendent à ce moment-là, si bien que le potentiel de nouvelles pressions vendeuses, baissières, se réduit mécaniquement. Ainsi, un *selling climax* marque souvent un point bas : c'est le pire moment pour vendre et une opportunité d'achat.

L'action Sanofi a fait l'objet le 27 octobre 2023 d'un *selling climax* après une publication très décevante. Le cours ouvre un énorme *gap* baissier, enfonce le support de 97,55-97,60 euros et dessine un chandelier au long corps vrai noir, dans des volumes de transactions 5 fois plus importants que la moyenne des transactions d'une journée. Déjà, les jours précédant cette séance baissière choc, l'action avait vu son rebond caler sur la résistance de 101,08-101,30 euros (borne haute d'un *gap* baissier récent) et formé un harami baissier. Lors de la séance de Bourse suivant la journée noire du 27 octobre, un harami haussier se forme, ce qui est encourageant. Le lendemain, l'action dessine un nouveau chandelier blanc, qui clôture au-delà du cours d'ouverture du chandelier noir du 27 octobre, ce qui conforte à court terme le scénario d'une poursuite du rebond. Le 2 novembre, une étoile filante doji signale toutefois la fin du mouvement de reprise. La correction baissière qui suit prend fin le 7 novembre, à l'occasion de l'apparition d'un marteau. L'action rebondit, puis rechute, mais le 16 novembre, un avalement haussier initie un mouvement de reprise. À partir du 7 décembre, un rally marqué commence, mais l'étoile filante du 12 janvier et la séance suivante (un chandelier au long corps vrai noir) incitent à juste titre à la prudence. Début février, l'action s'extrait par le bas d'un canal haussier et enfonce le point bas du 24 janvier, un double signal baissier.

Sanofi SA, France, D, Paris O91.83 H92.22 B91.09 C91.30
Market Closed
106.00
104.00
102.00
101.28
101.06
100.00
97.59
96.00
94.00
92.00
90.82
90.00
88.00
87.39
86.00
84.00
82.00
80.00
Investing.com
Volume (20) 891.417K 1.484M
8M
6M
4M
1.397M
1.122M
0
Sept
15
Oct
16
Nov
15
Déc
2024
16
Févr

LE BLOW OFF TOP

Le *blow off top* (« explosion terminale », « bouquet final » après un mouvement de hausse marqué, sur fond d'optimisme excessif des acheteurs) est la configuration miroir du *selling climax*. Un *blow off top* survient après une accélération haussière verticale (ou quasi-verticale) du cours, sur fond d'explosion des volumes de transactions. Un mouvement associé à une annonce positive choc ou des espoirs massifs, la simple anticipation de très bonnes nouvelles à venir. Pour autant, après ces achats massifs, de nombreux investisseurs sont déjà placés sur la valeur, si bien que le mouvement haussier finit par manquer de carburant, faute de nouvel acheteur disponible. Et le soufflé finit par retomber lourdement. Un *blow off top* est le pire moment pour acheter et une opportunité de vente.

Orange a inscrit un *blow off top* notable le 2 mars 2020. À l'époque, une bulle s'était formée sur les actions technologiques et Internet, si bien qu'il a suffi que le géant de la téléphonie (qui s'appelait alors encore France Telecom) évoque un scénario d'introduction en Bourse d'une filiale Internet pour que l'action bondisse de 26 % en l'espace d'une seule séance, ajoutant ainsi 45 milliards d'euros (soit, à l'époque, la capitalisation boursière de L'Oréal !) à la valeur boursière de l'opérateur. Ce jour-là, un *gap* haussier est ouvert, le cours dessine un long chandelier au grand corps vrai blanc et les volumes de transactions décollent. Le point haut de cette séance historique marquera toutefois un record absolu, qui subsiste encore de nos jours ! Dès mi-mars, la hausse de la séance du 2 est complètement effacée. Un marteau inversé favorise alors un rebond, qui prend fin avec l'apparition d'une étoile filante. Le 3 avril, un long chandelier noir enfonce en clôture de séance la moyenne mobile exponentielle à 34 jours (un support haussier qui avait déjà favorisé un rebond les 16 et 23 mars) et le point bas de mi-mars. En avril, un large canal baissier (passant par les pics et creux inscrits depuis le 2 mars) est mis en évidence.

Orange SA, France, D, Paris   O 10.40   H 10.52   B 10.38   C 10.45
EMA (34, close, 0)   10.6050
Market Closed
190.00
180.00
170.00
160.00
148.29
140.00
130.00
118.68
115.18
110.00
100.00
Investing.com
Volume (20)   4.912M   6.484M
8M
6M
4M
2.772M
1.803M
0
00   Févr   Mars   Avr   Mai   Juin   Juill   Août

Découvrez
Les Essentiels de l'AFATE

Suivez **JDH Éditions** sur les réseaux sociaux
pour en savoir plus sur les auteurs,
les nouveautés, les projets…

Inscrivez-vous à notre Newsletter sur
www.jdheditions.fr

Pour recevoir l'actualité de nos nouvelles
parutions